Es wird künftig nur noch einen Adel geben: Adel der Arbeit
Ehret die Arbeit, achtet den Arbeiter!
DRALLE
Illusionen
ZAUBER-SCHAU
Auto
Reparatur
Werk
CAFE
Lotterie
UNIFORMEN
E. PRIEBE

TRIUMPH

Antonia Meiners

Berlin 1933–1945
Eine Chronik in Bildern

BRAUS

Berlin im Nationalsozialismus

Als Hitler am 9. November 1923 den Versuch unternahm, in der Landeshauptstadt München die Regierung zu stürzen, plante er im Anschluss – nach dem Vorbild von Mussolinis »Marsch auf Rom« 1922 – den »Marsch auf Berlin«. Von hier aus wollte er mit der NSDAP künftig die Geschicke Deutschlands bestimmen. Der Putsch endete kläglich, Hitler wurde verhaftet. Als er nach nur neun Monaten die Festung Landsberg wieder verlassen konnte, zog es den politischen Führer der NSDAP erneut in die Hauptstadt. In Treffen mit deutschnationalen und rechten Politikern verhandelte er über finanzielle Unterstützung und die Zukunft seiner Partei. 1925 spielte die NSDAP in Berlin kaum eine Rolle, bei den Kommunalwahlen kandidierte sie lediglich in Spandau und erhielt dort 137 Stimmen. Geschwächt war die kleine Berliner Parteigruppe darüber hinaus von internen Richtungskämpfen. Für Hitlers erklärtes Ziel, eines Tages die Macht in Deutschland zu übernehmen, musste die NSDAP aber in der Hauptstadt Fuß fassen. Im November 1926 schickte Hitler deshalb Joseph Goebbels als Gauleiter der Partei nach Berlin. Hier stieg der Agitator der NS-Ideologie und begabte Organisator zu einer zentralen Figur in Hitlers Machtapparat auf. Er war nicht nur derjenige, der die auf Lügen aufgebaute Propagandamaschinerie des »Dritten Reiches« in Gang setzte, sondern bestimmte künftig auch als Gauleiter wesentlich das Schicksal der Reichshauptstadt, machte Berlin »judenrein« und war schließlich mitverantwortlich für das Inferno, das die Stadt 1945 in den letzten Kriegstagen überzog.

Die »Rote Hochburg«

1926 ging es zunächst darum, der NSDAP in Berlin Aufmerksamkeit zu verschaffen. Goebbels' Strategie war klar: brutal und öffentlichkeitswirksam – Aufmärsche, weithin plakatierte Versammlungen, Saal- und Straßenschlachten sowie Ausschreitungen gegen Juden, zumeist begleitet von Goebbels' demagogischen Hetzreden gegen den Kommunismus und die Sozialdemokratie in der Weimarer Republik. Blutige Auseinandersetzungen zwischen der SA und dem kommunistischen Rotfrontkämpferbund oder der sozialdemokratischen Eisernen Front bestimmten fortan die politische Szenerie in der Stadt. Dass Hitler mit seinem »Radau-Goebbels« jemals regieren könne, glaubte damals kaum jemand. Bei der Reichstagswahl 1928 erhielt die NSDAP in Berlin gerade einmal 1,6 Prozent der Wählerstimmen. Doch änderten sich die Verhältnisse in den kommenden Jahren rasant. Mit der 1929 einsetzenden Weltwirtschaftskrise, den daraufhin steigenden Arbeitslosenzahlen und der wachsenden Armut erhielten linke und rechte antidemokratische Strömungen enormen Zulauf. Hitler versprach wirtschaftliche Stabilität, ein Ende der Krise des Weimarer Parlamentarismus und auf den Straßen Ordnung sowie Sicherheit. Bei den Reichstagswahlen am 6. November 1932 konnte die NSDAP in Berlin 26 Prozent Stimmenanteil für sich verbuchen. Das hohe Ergebnis verdankte sie vor allem Wählern in den bürgerlichen Stadtbezirken wie Steglitz, Charlottenburg und Wilmersdorf. Die Tatsache jedoch, dass in den Arbeiterbezirken wie Wedding, Neukölln, Prenzlauer Berg viele Stimmen an die SPD (insgesamt 23,3 Prozent) und KPD (insgesamt 31 Prozent) gingen, stellte ein erhebliches Problem bei der Durchsetzung der Ziele auf dem Weg der Legitimation durch Wahlen dar. Brutales Vorgehen gegen Kommunisten und Sozialdemokraten bestimmten dann auch die Zeit zwischen der Machtübernahme am 30. Januar 1933 und den Reichstagswahlen am 5. März 1933, bei denen die Kommunisten im »roten Wedding« trotz allem noch immer mehr Stimmen als die NSDAP erhielten.

Hitler hatte schon immer ein gespaltenes Verhältnis zur »roten Hochburg« Berlin. Diese Viermillionenstadt, die in den Zwanzigerjahren weltweit eine der größten und berühmtesten Metropolen war und mit ihrer reichen Kultur und Wissenschaft, mit ihrer Vergnügungsindustrie und ihrer Freizügigkeit im Denken Internationalität und Weltoffenheit ausstrahlte, entsprach überhaupt nicht seinem ideologischen Repertoire. Berlin blieb ihm immer fremd. Seine Vorliebe galt vielmehr München, wo er auch zeitlebens seine Wohnung behielt. An der Hauptstadt als Zentrum der politischen Macht führte aber zwangsläufig kein Weg vorbei.

Nationalsozialistisches Machtzentrum

Nach der Machtübernahme wurde Berlin das Hauptquartier der nationalsozialistischen Herrschaft und die Befehlszentrale der Diktatur: Regierungszentrum, Sitz der Reichsministerien, der Gestapo, der SS, des Reichssicherheitshauptamtes in der Prinz-Albrecht-Straße sowie des Volksgerichtshofs. Und Goebbels schuf mit dem Reichsministerium für Volksaufklärung und Propaganda eine Organisation zur Überwachung des gesamten Kulturbereichs: Presse, Rundfunk, Film, Theater, Schrifttum, Bildende Kunst, Musik. Nirgendwo sonst war die Bevölkerung in den folgenden zwölf Jahren dem politischen Aktionismus, der Propaganda und den nationalsozialistischen Inszenierungen in solch umfassendem Maß ausgesetzt wie in Berlin.

Trotz Gleichschaltung auf allen Gebieten und einer auf das »Völkische« beschränkten Kunst und Kultur, bemühte sich die NS-Führung noch in den Dreißigerjahren um internationales Ansehen ihrer Reichshauptstadt, gab sich während der Olympischen Sommerspiele 1936 sogar für kurze Zeit weltoffen. Mit einem ungeheuren Propagandaaufwand wurde den internationalen Gästen suggeriert, dass Terror und Verfolgung im nationalsozialistischen Berlin keinen Platz hätten, dass der Nationalsozialismus ein friedliches System und eine Staats- und Gesellschaftsordnung der Zukunft sei.

In seinen Wahnvorstellungen von der Überlegenheit der nordischen Rasse sah Hitler sich in der Zukunft als Führer eines Deutschen Reiches, das kraft seiner Stärke dazu auserkoren sei, die Welt neu zu ordnen. Herrschersitz eines Großdeutschen Reiches sollte Berlin sein. Dem Größenwahn der Allmachtfantasien entsprachen die geplante Form und Funktion der Herrschaftsarchitektur für die Umgestaltung der Hauptstadt. Beim Magistrat stießen seine Pläne zunächst wegen der dann notwendigen Zerstörung vorhandener Bausubstanz auf Vorbehalte. Hitler wandte sich auch kurzzeitig einer anderen Idee zu, hatte die Vision von einer völlig neu zu errichtenden Hauptstadt an der Müritz. Mit der Ernennung Albert Speers zum Generalbauinspektor aber blieb es bei Berlin. Es sollten Bauten für ein »Tausendjähriges Reich« entstehen, und 1937 begannen die ersten Abrissarbeiten. Zwei Jahre vor Beginn des von Hitler lange geplanten Eroberungskriegs. Offenbar glaubte niemand in Hitlers Umfeld daran, dass Berlin zum Alles entscheidenden Kriegsschauplatz werden könnte.

Schutthaufen bei Potsdam

Doch es kam anders. Berlin als Machtzentrum der NS-Diktatur wurde im Zweiten Weltkrieg zum bevorzugten Ziel alliierter Luftangriffe. Mit 500.000 Tonnen fielen auf die Reichshauptstadt etwa ein Drittel der insgesamt auf Deutschland abgeworfenen Bomben. Die Zahl der in Berlin getöteten Zivilisten wird auf 50.000 geschätzt, allein 23.000 starben in dem völlig sinnlosen Endkampf im April 1945. Im Mai 1945 waren von 1,5 Millionen Wohnungen nur 37.000 unbeschädigt geblieben, in Mitte 60,7 Prozent und in Friedrichshain waren 54,3 Prozent des Wohnraums völlig zerstört. Berlin, die einst blühende Metropole, glich einem einzigen Trümmerfeld, einem »Schutthaufen bei Potsdam«, wie es Bertolt Brecht nach seiner Rückkehr aus dem Exil 1947 sarkastisch formulierte.

Es folgten die Besetzung durch die vier Alliierten und schließlich die Teilung der Stadt in Ost- und Westberlin, zementiert durch den Mauerbau im August 1961. Als im November 1989 die Mauer fiel, dauerte es noch viele Jahre, bis beide Teile der Stadt wieder zusammenfanden, und noch immer sind Wunden spürbar, die Hitler-Deutschland in seinen nur zwölf Jahren geschlagen hat.

An den Terror und die Zerstörungskraft von Hitlers »Tausendjährigem Reich« erinnern möchte dieses Buch. Und auch daran, welch verhängnisvolle Folgen mit dem Verlust der Demokratie verbunden sind, welches Unglück Diktatoren über die Menschen bringen können.

Kapitel 1

Schlag auf Schlag

Am Vormittag des 30. Januar 1933 ernannte Reichspräsident Paul von Hindenburg Adolf Hitler zum Reichskanzler. Begleitet von Hunderten seiner Anhänger kehrte der neue Regierungschef anschließend von der Reichskanzlei am Wilhelmplatz zurück in das gegenüberliegende Hotel Kaiserhof, wo ihn seine engsten Mitarbeiter begeistert, und wie Goebbels schrieb, mit »Tränen in den Augen« empfingen, denn »es ist so weit. Wir sitzen in der Wilhelmstraße. ... Wie im Märchen!« Im Kaiserhof, dem Luxushotel am Wilhelmplatz (er existiert heute nicht mehr) hatte die NSDAP 1932 ihre Parteizentrale in der oberen Etage eingerichtet, auch Hitler residierte hier bis zu seinem Umzug in die Reichskanzlei.

Am Abend des 30. Januar folgten Tausende SA-Leute, NSDAP-Mitglieder und Sympathisanten der neuen Machthaber dem Aufruf Joseph Goebbels' – NSDAP-Gauleiter von Berlin seit 1926 – und marschierten in einem großen Fackelzug vom Tiergarten kommend durch das Brandenburger Tor in die Wilhelmstraße, ihrem Führer am Fenster der Reichskanzlei zujubelnd. Es war der Beginn des dunkelsten Kapitels in der deutschen und Berliner Geschichte. Von nun an dröhnten die Marschstiefel der SA-Horden durch die Stadt, folgten Verordnungen und Gesetze gegen politische Gegner und gegen die Juden Schlag auf Schlag.

Legitimierung des Terrors

Noch in der Nacht zum 31. Januar kam es zu gewalttätigen Auseinandersetzungen in der Charlottenburger Wallstraße (heute Zillestraße), provoziert vom SA-Sturm 33, dem sogenannten SA-»Mördersturm«. Auf dessen Konto gingen Anfang der Dreißigerjahre zahlreiche Morde an politischen Gegnern. Bei den Auseinandersetzungen mit Kommunisten aus der Wallstraße wurde der Anführer des SA-Sturms 33, Hans Maikowski, getötet. Goebbels notierte daraufhin am 31. Januar: »Nun aber Schluß! Göring muß ausräuchern!«

In den Tagen darauf folgten massenhafte Festnahmen von Kommunisten, Folterungen und Morde durch SA-Trupps. Schon am 2. Februar, einen Tag nach Auflösung des Reichstags durch Hitler, schuf sich die NSDAP die rechtlichen Voraussetzungen für das Vorgehen gegen politische Gegner und das Verbot von missliebigen Parteien durch die »Verordnung zum Schutz des Volkes«. Am 17. Februar stattete Hermann Göring in seiner Funktion als preußischer Innenminister die SA-Hilfspolizisten mit polizeilichen Vollmachten aus, womit er die Gewalt auf der Straße staatlich absegnete. Etwa 2000 SA-Männer versahen in Berlin als Hilfspolizisten Dienst. Der Reichstagsbrand am 27.Februar schließlich bot den neuen Machthabern einen willkommenen Anlass für die uneingeschränkte Legitimierung des Terrors. Mit der sogenannten »Reichstagsbrandverordnung« vom 28. Februar wurden die entscheidenden Grundsätze der Weimarer Verfassung außer Kraft gesetzt – so die Freiheit der Person, die Meinungs- und Pressefreiheit, die Unverletzlichkeit von Wohnung und Eigentum. Faktisch herrschte von nun an ein dauerhafter Ausnahmezustand. Es folgten Wochen und Monate exzessiven Terrors. Kommunisten, Sozialdemokraten, kritische Intellektuelle – politische Gegner wurden aufgegriffen und in improvisierte Haftstätten verfrachtet. In solchen rechtsfreien Räumen, in Hinterzimmern oder Lagerräumen zahlreicher »Sturmlokale« der SA, in Kellern oder Geräteschuppen peinigten SA-Leute die Verhafteten, und nicht wenige wurden zu Tode gefoltert. Etwa 170 Orte solcher Folterstätten sind bekannt, darunter das Columbia-Haus in Tempelhof, eines der ersten sogenannten »wilden Konzentrationslager« (seit 1994 gibt es ein Mahnmal am Columbiadamm, nahe dem Flughafen Tempelhof), wie auch die Berliner SA-Zentrale in der Kreuzberger Hedemannstraße. Vom 21. bis 26. Juni kam es in Köpenick zu einem regelrechten Pogrom, bei dem Mitglieder des Sturmbanns 15 über 500 Personen in das Amtsgerichtsgefängnis in der Puchanstraße, in Gaststätten und Bootshäuser verschleppten und dort grausam misshandelten; etwa 25 Menschen starben. An die sogenannte »Köpenicker Blutwoche« erinnert heute eine Gedenkstätte in der Puchanstraße.

Staatliche Willkür

Nach den Reichstagswahlen am 5. März und den letzten freien Stadtverordnetenwahlen am 12. März, bei denen die NSDAP 38,3 Prozent, die SPD 22 Prozent und die KPD 19,5 Prozent erhielten, machte die NSDAP ihren Einfluss auch in der Stadtverwaltung geltend. Alle sozialdemokratischen Stadträte und Kämmerer wurden beurlaubt, und dem parteilosen Oberbürgermeister Heinrich Sahm (ab November dann NSDAP-Mitglied) stellte man Julius Lippert aus der NSDAP als Staatskommissar für die Hauptstadt Berlin an die Seite. Schon am 17. März ordnete Lippert die Entlassung aller jüdischen Ärzte aus den städtischen Krankenhäusern an, am 20. März wurden alle KPD-Mitglieder aus den Stadt- und Bezirksversammlungen ausgeschlossen und die SPD-Fraktionen aufgelöst. Mit dem sogenannten »Ermächtigungsgesetz«, das der Reichstag am 23. März, nur zwei Tage nach dem »Tag von Potsdam« verabschiedete, war die Weimarer Verfassung endgültig Geschichte. Die Stadtverordneten- und Bezirksverordnetenversammlungen führten nur noch ein Schattendasein, bis sie am 12. November ganz aufgelöst wurden. Auch dem Vorgehen gegen Juden waren nun keine Grenzen mehr gesetzt. Den sogenannten »Aprilboykotten« gegen jüdische Geschäfte folgten am 3. April die Beurlaubung jüdischer Lehrer und Professoren sowie am 7. April die »Säuberung« der Stadtverwaltungen von Juden und politisch unzuverlässigen Beamten aufgrund des »Gesetzes zur Wiederherstellung des Berufsbeamtentums«. Betroffen davon waren etwa 1200 Beamte und ein Drittel aller Angestellten. Ebenso verloren alle jüdischen Rechtsanwälte ihre Zulassung (zunächst noch davon ausgenommen blieben Frontkämpfer des Ersten Weltkriegs).

Der zunehmende Ausschluss von Juden aus dem öffentlichen Leben ging einher mit der »Arisierung« wirtschaftlich bedeutender Unternehmen wie der Warenhäuser Wertheim und Hermann Tietz. Traditionsreiche Verlagshäuser wie Ullstein und Mosse wurden von einer »arischen« Geschäftsführung übernommen, Zeitungen wie die »Vossische« stellten ihr Erscheinen ein oder wurden gleichgeschaltet, missliebige sowie jüdische Journalisten und Publizisten entlassen.

Exodus

Als am 10. Mai 1933 auf dem Opernplatz die Bücher brannten, kam dies dem Fanal eines Epochenumbruchs, der Beerdigung eines Berlins gleich, das in den Zwanzigerjahren durch seine weltweit wegweisende Wissenschaft und äußerst lebendige und vielfältige Kultur zu einem internationalen Magnet geworden war. Dieser barbarische Akt kündigte den Absturz des einst so vitalen kulturellen Lebens der Reichshauptstadt in die Bedeutungslosigkeit an.

Schriftsteller, Maler, Schauspieler, Musiker und Wissenschaftler kehrten der Stadt den Rücken und gingen ins Exil, darunter der Physiker Albert Einstein, der Sexualwissenschaftler Magnus Hirschfeld, die Schriftsteller Bertolt Brecht, Arnold Zweig, Erich Maria Remarque, der Dirigent Otto Klemperer, der Komponist Kurt Weill, die Schauspielerinnen Helene Weigel und Lotte Lenya, der Theaterregisseur Max Reinhardt, die Architekten Martin Gropius und Bruno Taut. Heinrich Mann und Käthe Kollwitz verließen die Akademie der Künste, Ludwig Mies van der Rohe verkündete die Auflösung des 1919 gegründeten Staatlichen Bauhauses, das sich seit 1932 in Berlin befand, und der Direktor der Nationalgalerie Ludwig Justi, der durch den Aufbau eines Museums für zeitgenössische Kunst im Kronprinzenpalais internationale Berühmtheit erlangt hatte, wurde entlassen.

Gleichschaltung der Gewerkschaften

Der 1. Mai 1933, der mit einem außerordentlichen Propagandaaufwand zum »Tag der nationalen Arbeit« erklärt und mit einer Massenkundgebung auf dem Tempelhofer Feld begangen wurde, markierte zugleich den Tag der Gleichschaltung der Gewerkschaften. Trotz der erklärten Bereitschaft des Allgemeinen Gewerkschaftsbundes, sich in die neue Ordnung einzugliedern, besetzte tags darauf die NSDAP alle Gewerkschaftshäuser, -einrichtungen und gewerkschaftseigene Unternehmen, so die Hauptverwaltung der Bank der Arbeiter, Angestellten und Beamten. Das »Aktionskomitee zum Schutz der Deutschen Arbeit« unter Robert Ley übernahm die Arbeitnehmerverbände und führte sie zur Deutschen Arbeitsfront (DAF) zusammen, der »Organisation aller schaffenden Deutschen der Stirn und der Faust«. Tarifpolitische Rechte hatte die DAF keine mehr. Mitglieder, die ursprüngliche gewerkschaftliche Interessen vertraten, wurden ebenso zu Feinden erklärt wie die Juden. Schon während der Aprilboykotte profilierten sich Nationalsozialistische Betriebszellenorganisationen (NSBO), indem sie die Entlassung aller jüdischen Arbeiter und Angestellten forderten, in einigen Außenbezirken, darunter in Siemensstadt, organisierten sie den Boykott jüdischer Geschäfte und verteilten in ihren Betrieben das NSDAP-Hetzblatt »Der Stürmer«. Gegen Missstimmungen, denn längst nicht alle einstigen Gewerkschafter erklärten sich einverstanden mit der Zwangsmitgliedschaft in der DAF, erwiesen sich die Freizeitaktivitäten und Kampagnen der NS-Gemeinschaft »Kraft durch Freude« (KdF) als überaus wirkungsvoll. KdF, eine Unterorganisation der DAF, kümmerte sich um Betriebsfeste, Ausflüge, Dampferfahrten, Sportfeste oder Berufswettkämpfe. Mit seinem Amt für Reisen, Wandern und Urlaub entwickelte sich KdF auch zum größten Reiseveranstalter.

Machtkampf in der NSDAP

Im Sommer 1934, nur eineinhalb Jahre nach der Machtübernahme Hitlers, einer Zeit der Gewaltexzesse gegen Andersdenkende, zeigte sich der faschistische Staat in Deutschland fest etabliert. Wesentlichen Anteil daran hatten die Schlägertrupps der SA, die unter ihrem Führer Ernst Röhm in diesen eineinhalb Jahren zu einer bewaffneten, innenpolitischen Macht aufgestiegen war. Dies löste starkes Misstrauen bei der Reichswehr und in Hitlers unmittelbarem Umfeld aus, denn die SA war nicht nur ein erheblicher Machtfaktor in der Partei, sondern auch ein politischer Konkurrent geworden. Röhm forderte eine »zweite Revolution« mit einer radikalen sozialen Umgestaltung. Unter dem Vorwand, Röhm plane einen Umsturz, schlug die SS brutal zu und ließ am 30. Juni 1934 die gesamte SA-Führung liquidieren. In Lichterfelde, dem Standort der SS-Leibstandarte Adolf Hitler, wurden unter anderem der Führer der SA-Gruppe Berlin-Brandenburg Karl Ernst und sein Adjutant Walter von Mohrenschildt erschossen.

Am 2. August 1934 starb Reichspräsident Paul von Hindenburg, woraufhin Hitler das Amt des Reichskanzlers mit dem des Reichspräsidenten vereinen ließ. Nach einer Volksabstimmung über das Gesetz am 18. August nannte sich Adolf Hitler nun offiziell »Führer und Reichskanzler«, und am 4. September erklärte er auf dem NSDAP-Parteitag in Nürnberg die »nationalsozialistische Revolution« für abgeschlossen.

Januar 1933. Anlässlich einer NSDAP-Kundgebung im Lustgarten marschierte erstmals auch eine Formation der Berliner Schutzpolizei unter der Hakenkreuzfahne.

Nur wenige Tage nach der Machtübernahme der Nationalsozialisten, am 17. Februar 1933, verkündete Hermann Göring als oberster Dienstherr der preußischen Polizei mit dem sogenannten »Schießerlass« die Zusammenarbeit von Polizei, SS und SA. Der Schießerlass erlaubte den rücksichtslosen Gebrauch von Schusswaffen gegen politische Gegner.

30. Januar 1933. Siegeskundgebung vor der Reichskanzlei in der Wilhelmstraße, am Fenster Adolf Hitler. Nach dem Rücktritt von Reichskanzler Kurt von Schleicher zwei Tage zuvor ernannte Reichspräsident Paul von Hindenburg Adolf Hitler zu dessen Nachfolger.

Vom Brandenburger Tor kommend, paradierten etwa 15.000 Mitglieder von SA, SS und der Organisation Stahlhelm in einem Fackelzug – hier kaum zu erkennen – an der Reichkanzlei vorbei. Bilder eines geordneten, hell angeleuchteten Fackelzuges, die später zu diesem Anlass in Umlauf gebracht wurden, stammen aus späteren Filmaufnahmen.

27. Februar 1933. Am Abend zerstörte ein Feuer große Teile des Reichstagsgebäudes; Blick in den ausgebrannten Plenarsaal. Der Niederländer Marinus van der Lubbe wurde von den Nationalsozialisten beschuldigt, das Feuer im Auftrag der Kommunistischen Partei gelegt zu haben – Anlass für eine nun folgende gezielte Verfolgung von Kommunisten und anderen politischen Gegnern.
Tags darauf unterzeichnete Hindenburg die »Verordnung zum Schutz von Volk und Staat«, die sogenannte »Reichstagsbrandverordnung«, eine Legitimation weiterer Einschränkungen der Presse- und Versammlungsfreiheit sowie des Parteienverbots.

1. April 1933. Aufruf der Nationalsozialisten zum Boykott jüdischer Geschäfte. SA-Männer postierten sich vor Geschäften und Kaufhäusern und gingen gegen jüdische Ärzte und Rechtsanwälte vor.

Als Vorwand für das bundesweite Pogrom dienten Goebbels Artikel vor allem in der englischsprachigen Presse, die auf den Antisemitismus in Nazideutschland aufmerksam machten und zum Boykott deutscher Waren aufforderten. Als Propaganda-Effekt ließ Goebbels deshalb Plakate mit der englischen Übersetzung drucken.

Betroffen vom Boykott jüdischer Geschäfte am 1. April 1933 waren auch das KaDeWe und das gegenüberliegende Schuhhaus Leiser an der Tauentzien-/ Ecke Passauer Straße – beide traditionsreiche Berliner Handelsunternehmen. Die Leiser-Filiale, eine von insgesamt 23 in Berlin, war schon 1906, ein Jahr vor dem KaDeWe in der Reichshauptstadt eröffnet worden.

»Die Grenadierstraße. In dem von Ostjuden besetzten Gebiet Berlins mußte sich der Deutsche wie in Feindesland fühlen. Er wurde beobachtet, umlungert, verfolgt. … Hier entdeckte die Polizei Brutstätten des kriminellen und politischen Ungeziefers.«

(Aus der Broschüre »Der ewige Jude«, 1938)

5. April 1933. Razzia in der Grenadierstraße (heute Almstadtstraße). Polizei und Hilfspolizei, bestehend aus Angehörigen von SA, SS und Stahlhelm, suchten im sogenannten Scheunenviertel nach kommunistischen Flugblättern und unerwünschten Ausländern.
In dem Viertel wohnten sehr viele arme Juden, die einst vor den Pogromen in Osteuropa geflüchtet waren. Auch wenn Goebbels den Boykott des 1. April offiziell für beendet erklärte, waren die Juden fortan Schikanen, willkürlichen Verhaftungen und Misshandlungen ausgesetzt.

SUSSMANN

Transparent in der Friedrichstraße in Vorbereitung auf den 1. Mai 1933, seit dem 10. April offiziell »Tag der nationalen Arbeit«. Nach 1919 war der 1. Mai damit erstmals ein gesetzlicher Feiertag bei voller Lohnfortzahlung. Ein Jahr darauf wurde er per Gesetz zum »Nationalen Feiertag des Deutschen Volkes« erklärt.

1. Mai 1933. Hitler sprach vor Hunderttausenden Kundgebungsteilnehmern auf dem Tempelhofer Feld zum »Tag der nationalen Arbeit«.

Goebbels notierte im April:
»Den 1. Mai werden wir zu einer grandiosen Demonstration deutschen Volkswillens gestalten. Am 2. Mai werden wir dann die Gewerkschaftshäuser besetzen. Gleichschaltung auch auf diesem Gebiet ...«

10. Mai 1933. Bücherverbrennung auf dem Opernplatz (heute Bebelplatz). Von Mitgliedern des Nationalsozialistischen Deutschen Studentenbundes und der Deutschen Studentenschaft in Bibliotheken und Buchhandlungen beschlagnahmte Bücher jüdischer, oppositioneller und politisch unliebsamer Autoren wurden zu einem brennenden Bücherberg. Unter dem Schlagwort »Wider den undeutschen Geist« hielt Joseph Goebbels seine »Feuerrede«.

2. Juli 1933. Aufmarsch von 47 Brautpaaren zur Massentrauung in der Lazaruskirche an der Ecke Romintener Straße (ab 1936 Grünberger Straße) / Kadiner Straße in Friedrichshain. Initiator solcher nationalsozialistischen Massentrauungen waren die 1932 gegründeten »Deutschen Christen«, eine am Nationalsozialismus orientierte Strömung des Protestantismus. Gegen diese Richtung und die damit einhergehende Gleichschaltung der evangelischen Kirche durch das NS-Regime schlossen sich 1934 oppositionelle Christen zur »Bekennenden Kirche« zusammen.

Juni 1933. Kinderfest in der Buschallee, Weißensee.
Die modernen Häuser dieser Arbeitersiedlung, errichtet nach Plänen der Architekten Bruno Taut und Franz Hoffmann Ende der Zwanzigerjahre, waren Teil des von Stadtbaurat Martin Wagner geförderten sozialen Wohnungsbauprogramms.

Der Sozialdemokrat Wagner wurde im März 1933 mit weiteren SPD-Mitgliedern des Magistrats von den Nationalsozialisten »beurlaubt«. Wagner emigrierte 1935 in die Türkei und später in die USA.

8. August 1933. Nach ihrer Verhaftung wurden führende Mitglieder des Rundfunks – v. l. Dr. Kurt Magnus, Dr. Hans Flesch, Heinrich Giesecke und Alfred Braun – sowie die zur SPD gehörenden Journalisten Friedrich Ebert und Ernst Heilmann in das Konzentrationslager Oranienburg überstellt.

Das KZ Oranienburg war eine der unzähligen in den ersten Wochen nach der Machtübernahme entstandenen Folter- und Haftstätten der SA, bestand dann aber als erstes sogenanntes »wildes« Konzentrationslager in Preußen weiterhin. Zu den Insassen gehörten zahlreiche Repräsentanten der Weimarer Republik, prominente Mitglieder der Arbeiterbewegung sowie Intellektuelle und Künstler.

19. August 1933. Feierlicher Aufzug zum Treffen der Hitlerjugend (HJ) im Lustgarten. Die militärisch organisierte und der NSDAP angeschlossene HJ – nach dem Verbot aller anderen Verbände die einzige Jugendorganisation – diente sowohl der Vermittlung der NS-Ideologie als auch der paramilitärischen Ausbildung.

Zur HJ gehörten das Deutsche Jungvolk für die Zehn- bis Vierzehnjährigen und darüber hinaus auch der Bund Deutscher Mädel (BDM) mit dem Jungmädelbund.

Adolf Hitler über Jugenderziehung:

»… Meine Pädagogik ist hart. Das Schwache muß weggehämmert werden. In meinen Ordensburgen wird eine Jugend heranwachsen, vor der sich die Welt erschrecken wird. Eine gewalttätige, herrische, unerschrockene, grausame Jugend will ich. Jugend muß das alles sein. Schmerzen muß sie ertragen, es darf nichts Schwaches und Zärtliches an ihr sein. Das freie, herrliche Raubtier muß erst wieder aus ihren Augen blitzen. Stark und schön will ich meine Jugend. Ich werde sie in allen Leibesübungen ausbilden lassen. Ich will eine athletische Jugend. Das ist das Erste und Wichtigste. So merze ich die Tausende von Jahren der menschlichen Domestikation aus. So habe ich das reine, edle Material der Natur vor mir. So kann ich das Neue schaffen.«

Plakat aus dem Jahr 1936

27. August 1933. Generalappell des Reichsluftschutzbundes auf dem Horst-Wessel-Platz. Gegründet wurde der Reichsluftschutzbund am 27. April, und ein Jahr darauf erhielt Berlin ein umfassendes Luftschutzprogramm, das unter anderem die Errichtung öffentlicher Sammelschutzräume vorsah.

Am Bülowplatz (heute Rosa-Luxemburg-Platz) befand sich bis zum Verbot der kommunistischen Partei die KPD-Zentrale. Die Umbenennung nach dem von Nationalsozialisten zum Märtyrer stilisierten SA-Mann Horst Wessel erfolgte am 26. Mai 1933.

18. August 1933. Eröffnung der 10. Großen Deutschen Funkausstellung in den Messehallen am Kaiserdamm.
Vorgestellt wurde der Öffentlichkeit hier erstmals der Volksempfänger, VE 301 (VE für Volksempfänger und 301 in Erinnerung an den 30. Januar, den Tag der Machtübernahme).

Der Apparat aus braunem Bakelit für den Mittelwellen- und Langwellenbereich kostete 76 Mark und damit nur etwa die Hälfte handelsüblicher Geräte. Entwickelt wurde der VE 301 im Auftrag von Goebbels, dem mit der noch jungen Rundfunktechnik ein wirkungsvolles Propagandamedium zur Verfügung stand.

Der Alexanderplatz als einer der wichtigsten Verkehrsknotenpunkte der Stadt erfuhr während der Zwanzigerjahre mit der Errichtung der beiden Hochhäuser von Peter Behrens eine völlige Umgestaltung. Links vor dem Alexanderhaus thronte seit Dezember 1933 das Standbild der Berolina, das 1927 wegen des U-Bahnbaus vom Platz vorübergehend weichen musste.

13. Juli 1934. Der »Stellvertreter des Führers«, Rudolf Heß, auf dem Weg in die Kroll-Oper, dem Tagungsort des Reichstags, vor dem Hitler eine Regierungserklärung zum sogenannten Röhm-Putsch abgab.

Eine angebliche Verschwörung der SA diente als Vorwand für die Hinrichtung des SA-Führers Ernst Röhm und der gesamten Führungsspitze in der Nacht vom 30. Juni auf den 1. Juli 1934. Damit setzte Hitler Röhms Machtanspruch und den von der SA vertretenen sozialrevolutionären Ideen innerhalb der nationalsozialistischen Bewegung ein abruptes Ende.

November 1933. SA-Männer mit ihren Kindern auf dem Weg zur Sammelaktion der nationalsozialistischen Winterhilfe.
Am 10. September eröffnete Hitler die »Erste Winterhilfsaktion gegen Hunger und Kälte« und stellte der verfemten »internationalen marxistischen Solidarität« die »blutmäßig ewig begründete lebendige nationale Solidarität des deutschen Volkes« gegenüber. Den Höhepunkte der alljährlich stattfindenden Aktion bildete ab 1934 der »Tag der Nationalen Solidarität«, an dem hohe Parteifunktionäre und populäre Künstler mit Sammelbüchsen auf die Straße gingen.

»Alle in Sammlerstimmung. Auch der Führer ganz begeistert. ... Um 4 mit Göring am Adlon. Unbeschreiblich. Zehntausende. Ein unübersehbarer Jubel und Trubel. Ich werde fast erdrückt. ... Diese herrlichen Berliner! Und sie geben. Am herzlichsten die Ärmsten. Oft kommen mir die Tränen. Ich sammele überall. Auch Magda [Goebbels]. Und tausende andere. Alle sind davon begeistert. Abends zum Führer. Bericht. 30 Sammler und Sammlerinnen da. Hochstimmung. Ein großer Sieg. Ich habe 42 Büchsen voll.«

(Tagebucheintrag Joseph Goebbels, 10. Dezember 1934)

Als Zeichen der Solidarisierung mit der Volksgemeinschaft gab es ab Oktober 1933 den »Eintopfsonntag«. Von Oktober bis März sollte es in allen deutschen Familien an einem Sonntag im Monat statt des Bratens ein Eintopfgericht geben. Die Kostendifferenz wurde vom Blockwart kassiert und kam dem Winterhilfswerk zugute. Öffentliche Eintopfessen mit prominenten Politikern und Künstlern erhöhten die propagandistische Wirkung dieser Maßnahme.

Kapitel 2

Trügerische Normalität

Anfang 1935 hatte es für viele Berliner den Anschein, als könne das Leben künftig in normalen Bahnen verlaufen. Nach dem Ende der Weltwirtschaftskrise ging die Zahl der Arbeitslosen, die Ende 1932 etwa ein Drittel aller erwerbsfähigen Einwohner betragen hatte, langsam zurück. Das am 29. Juni 1934 verabschiedete »Gesetz über die Verfassung der Hauptstadt Berlin« hatte den Status als Reichs- und Landeshauptstadt auch unter den neuen Machthabern bestätigt, und der versprach allgemeinen Aufschwung. Einrichtungen der NSDAP und ihrer Organisationen bezogen Quartier in der Hauptstadt, staatliche Verwaltungen wurden ausgebaut, kulturelle Einrichtungen für die »Volksgemeinschaft« erhielten großzügige Förderungen, und Geld floss in die Wirtschaft.

Die Reichshauptstadt als Wirtschaftszentrum

Berlin gehörte in der ersten Hälfte des 20. Jahrhunderts zu den wichtigsten deutschen Industriezentren, und mit der Festigung des NS-Machtapparates, vor allem mit der ab 1936 forcierten Aufrüstung erlebte die Stadt nach der Krise Anfang der Dreißigerjahre eine wirtschaftliche Konjunktur. Betriebe der Metallverarbeitung, des Maschinenbaus und der Elektroindustrie wie Siemens, AEG, Borsig hatten wieder volle Auftragsbücher. Die Deutschen Waffen- und Munitionswerke in Reinickendorf produzierten wieder Gewehre und Patronen, das in Marienfelde neu errichtete Daimler-Benz-Werk stellte Lastwagen sowie »andere Fahrzeuge zur Landesverteidigung« her. Auch die Flugzeugproduktion lief wieder an, unter anderem in den Flugzeugwerken Focke-Wulf sowie der Henschel-Flugzeugwerke AG, für die in Schönefeld extra eine Start- und Landebahn gebaut wurde – Ursprung des späteren Flughafens. In den Messehallen am Kaiserdamm, wo schon damals regelmäßig die Grüne Woche, die Funk- und die Automobilausstellung stattfanden, wurden neueste technische Errungenschaften wie das Fernsehen als einzigartige Leistungen der deutschen Nation gefeiert. Am 22. März 1935 schließlich begann die Reichsrundfunkgesellschaft regelmäßig an drei Tagen mit der Ausstrahlung eines 90-minütigen Fernsehprogramms. Einen Boom erlebten ebenfalls die Bauwirtschaft und – aufgrund des unerschöpflichen Bedarfs an Fahnen und Uniformen jedweder nationalsozialistischen Organisation – die Textilindustrie. Der Wohnungsbau stand weniger im

Vordergrund, auch wenn einzelne Siedlungen wie am Grazer Damm oder Kleinhaussiedlungen in den Randbezirken entstanden, deren Umfang aber bei weitem nicht den der Zwanzigerjahre erreichte. Bis 1939 wurden vor allem öffentliche Bauten, Regierungs- und Verwaltungsgebäude errichtet, darunter das Reichsluftfahrtministerium, das Reichsministerium für Volksaufklärung und Propaganda, die Reichsbank, die Neue Reichskanzlei, das Luftwaffenzentrum in Kladow, die Verwaltungsgebäude am Fehrbelliner Platz, das Ausstellungs- und Messegelände, die Deutschlandhalle, das Olympiagelände, der Flughafen Tempelhof und schließlich die Autobahn – im August 1936 konnte Berlin–Magdeburg dem Verkehr übergeben werden, im Januar 1937 Berlin–Stettin und im November 1938 Berlin–München.

»Gebt mir vier Jahre Zeit, und ihr werdet Deutschland nicht wiedererkennen!«, hatte Hitler im Februar 1933 »seinem Volk« zugerufen und damit versprochen, es aus der Arbeitslosigkeit zu führen. Am 30. April 1937, vier Jahre nach der Machtübernahme, eröffnete er unter dem Titel »Gebt mir vier Jahre Zeit« in den Messehallen am Kaiserdamm die große Propagandaschau, in der die Errungenschaften der Nationalsozialisten seit 1933 präsentiert wurden. An seinen Propaganda-Slogan knüpfte Hitler mit dem sogenannten »zweiten Vierjahresplan« an, mit dessen Ausführung er im Oktober 1936 Hermann Göring betraute. Die tatsächlichen Ziele dieses Wirtschaftsprogramms gingen aus der von Hitler im August 1936 verfassten, geheimen Denkschrift hervor, in der er die »Wehrhaftmachung« Deutschlands durch eine weitgehende ökonomische Autarkie und die Erweiterung der Rüstungsindustrie forderte. Wirtschaft und Armee sollten innerhalb von vier Jahren kriegsbereit sein.

Illusion einer Volksgemeinschaft

Nach den ersten vier Jahren der NS-Herrschaft befand sich ein Großteil der Berliner wieder in Lohn und Brot, der willkürliche Terror schien vorübergehend gewesen zu sein, auf den Straßen und Plätzen herrschten Ordnung und Sicherheit. Man ging seinen alltäglichen Geschäften nach, erfreute sich an den in der Reichshauptstadt gebotenen Annehmlichkeiten: An den Premieren der großen Ufa-Filme, an den Leinwandstars, denen man zum Beispiel während der Sammlungen zum Winterhilfswerk begegnen konnte, an Varieté-

Theatern, Kabaretts und Tanzcafés und nicht zuletzt an beeindruckenden Klassiker-Inszenierungen Gustaf Gründgens im Schauspielhaus am Gendarmenmarkt. Zu den Olympischen Spielen im Sommer 1936 war die ganze Welt zu Gast in Berlin, und ein Jahr darauf feierte man das 700-jährige Jubiläum der Stadt. Darüber hinaus gab es die alljährlich wiederkehrenden, mit großem Pomp als ideologische Manifestationen gefeierten Tage des schier überquellenden nationalsozialistischen Festtagskalenders: Am 30. Januar den »Tag der nationalen Erhebung« in Erinnerung an den Tag der Machtübernahme 1933, am 24. Februar die Parteigründungsfeiern in Erinnerung an die Verkündung des NSDAP-Parteiprogramms 1920, am Sonntag vor dem 16. März (ab 1939) den Heldengedenktag, anknüpfend an die Einführung der Wehrpflicht am 16. März 1935 (er ersetzte den Volkstrauertag zu Ehren der Gefallenen des Ersten Weltkriegs), am letzten Sonntag im März die feierliche Aufnahme der 14-Jährigen in die Hitlerjugend, am 19. April den Appell der Zehnjährigen für die Aufnahme ins Jungvolk, am 20. April »Führers Geburtstag«, ein alljährlich »besonders begangener Tag« – am 50. Geburtstag Hitlers 1939 ein staatlich verordneter Feiertag –, am 1. Mai den »Tag der Nationalen Arbeit«, am 9. November den Gedenktag für die Gefallenen der Bewegung (des Hitlerputsches 1923 in München) sowie die Sommersonnenwende und das Erntedankfest.

An diesen Tagen glich Berlin einem Ort militärisch ausgerichteter Massenaufmärsche unter einem Meer von Hakenkreuzfahnen. Organisiert waren inzwischen Angehörige aller Bevölkerungsschichten, ob in der NSDAP, der NS-Frauenschaft, der Deutschen Arbeitsfront (DAF), ob im Arbeitsdienst, den ab Juni 1935 alle Deutschen zwischen 18 und 25 Jahren ableisten mussten, ob in der Hitlerjugend (HJ) oder im Bund Deutscher Mädel (BDM). Höhepunkte solcher Festtage bildeten jeweils die auch vom Rundfunk übertragenen Reden Adolf Hitlers oder von Mitgliedern der NSDAP-Führungsriege. Entgehen konnte keiner der »Volksgenossen« diesen Inszenierungen, denn in öffentlichen Gebäuden, auf Straßen und Plätzen wurden Lautsprecher aufgestellt, und in Verwaltungen, Schulen und Betrieben kamen die Belegschaften zusammen, um der Stimme des »Führers« gemeinsam zuhören zu können. Sie alle waren, so die NS-Propaganda, Mitglieder einer dem »Führer« ergebenen »Volksgemeinschaft«.

Ausgegrenzt

Wer sich dieser Ergebenheit verweigerte oder auch nur Kritik an den Erscheinungsformen des NS-Regimes übte, erfuhr nicht nur Ausgrenzung aus der »Volksgemeinschaft«, sondern war auch der gnadenlosen Verfolgung des NS-Systems ausgeliefert. Die Verfolgungsmaschinerie der Nationalsozialisten kam nach der Konsolidierung der Macht keineswegs zum Erliegen, lediglich bemühte man sich ab Ende 1934 um eine Kanalisierung der Gewalt. So wurde das Columbia-Haus offiziell zum »Konzentrationslager Columbia« und der zentralen »Inspektion der Konzentrationslager« sowie den SS-Totenkopfverbänden unterstellt. Der Willkür und Folter ihrer Bewacher entgingen die Gefangenen deshalb jedoch keineswegs. Etwa 8000 Männer waren im Columbia-Haus inhaftiert, darunter viele Homosexuelle, die aufgrund des Paragrafen 175 eingeliefert wurden. Im November 1936, als das Gebäude für den Bau des neuen Flughafens Tempelhof im Wege stand, wurde das KZ aufgelöst und die Insassen in das KZ Sachsenhausen bei Oranienburg überstellt. Das 1936 nach einem spezifischen architektonischen Konzept errichtete KZ Sachsenhausen galt als Musteranlage für die Einrichtung weiterer Konzentrationslager, weil, so SS-Führer Heinrich Himmler, »vollkommen neu, jederzeit erweiterungsfähig, modern und neuzeitlich«.

Ausgeschlossen aus der »Volksgemeinschaft« blieben auch »Rassenfremde« und psychisch Kranke. Den Nachweis über »minderwertiges« und »höherwertiges« Leben sollte die Ausstellung »Das Wunder des Lebens« erbringen, die von März bis Mai 1935 in den Messehallen am Kaiserdamm stattfand. »Es ist der Mensch, erbgesund und rassisch vollwertig, der heute Richtschnur unseres politischen und gesellschaftlichen Daseins ist«, hieß es im Katalog. Behinderte seien »Ballastexistenzen« und »unnütze Esser«, von denen sich die Volksgemeinschaft trennen müsse. Seit 1934 schon gab es das Gesetz der Zwangssterilisation und 1939 begannen die Nationalsozialisten mit der Tötung psychisch Kranker.

Am 15. September 1935 wurden auf dem NSDAP-Parteitag in Nürnberg das »Reichsbürgergesetz« und das »Gesetz zum Schutze des deutschen Blutes und der deutschen Ehre« verabschiedet; diese sogenannten »Nürnberger Gesetze« schufen faktisch die rechtliche Grundlage für die Verfolgung der Juden. In

Berlin wohnte 1933 ein Drittel aller deutschen Juden, und hier im Zentrum der Macht waren sie unmittelbarer als anderswo den Verfolgungen und Schikanen ausgesetzt. Bis Ende 1934 erließ die Stadtverwaltung 55 antijüdische Verfügungen. In der Stadt, vor allem aber am Kurfürstendamm und in den Nebenstraßen, einer bevorzugten Gegend von Geschäftsleuten, Künstlern, Akademikern, Schriftstellern, unter denen viele sich zum jüdischen Glauben bekannten, kam es immer wieder zu antisemitischen Ausschreitungen. Als diese Mitte Juli 1935 ihren Höhepunkt erreichten und kritische Berichte darüber in der internationalen Presse erschienen, sah sich die NS-Führung jedoch zum Einschreiten genötigt. Antideutsche Stimmungen wollte man in Hinblick auf die Olympischen Spiele 1936 vermeiden – in den USA wurde wegen solcher antisemitischer Vorfälle bereits ein Boykott der Spiele diskutiert. Im Vorfeld und während der Olympischen Spiele verschwanden dann auch antijüdische Plakate und Aufschriften, in öffentlichen Einrichtungen, Cafés und Restaurants herrschte eine gewisse Liberalität. Berlin präsentierte sich weltoffen – ein Zustand von nur kurzer Dauer. Ab Oktober war es jüdischen Lehrern verboten, deutschen Kindern Privatunterricht zu erteilen, ab April 1937 durften Juden nicht mehr promovieren, am Olivaer Platz wurden die ersten Parkbänke mit dem Hinweis »Nur für Arier« aufgestellt, im Juni 1938 kam es erneut zu Übergriffen auf jüdische Geschäfte sowie zu Verhaftungen. Und am 9. November brannten die Synagogen.

Verordnung über die DAF vom 24. Oktober 1934:

§ 1 Die Deutsche Arbeitsfront ist die Organisation der schaffenden Deutschen der Stirn und der Faust. In ihr sind insbesondere die Angehörigen der ehemaligen Gewerkschaften, der ehemaligen Angestelltenverbände und der ehemaligen Unternehmer-Vereinigungen als gleichberechtigte Mitglieder zusammengeschlossen.

§ 3 Die Deutsche Arbeitsfront ist eine Gliederung der NSDAP im Sinne des Gesetzes zur Sicherung der Einheit von Partei und Staat vom 1. Dezember 1933.

Dampferfahrt der Nationalsozialistischen Betriebszellenorganisation (NSBO) im Sommer 1935. Ende der Zwanzigerjahre hatten sich Nationalsozialisten zur NSBO zusammengeschlossen, die sich als »weltanschauliche Kampftruppe der NSDAP in den Betrieben« verstand. Bedeutung erlangte sie jedoch erst nach dem Verbot der Freien und Christlichen Gewerkschaften im Mai 1933. Nach der Ermordung ihres Schirmherrns Gregor Strasser im Zusammenhang mit den Auseinandersetzungen um die Machtposition der SA innerhalb der NSDAP ging die NSBO 1935 in der Deutschen Arbeitsfront (DAF) auf.

»Höchstens ein Flugblatt oder ein Plakat können durch ihre Kürze damit rechnen, auch bei einem Andersdenkenden einen Augenblick lang Betrachtung zu finden. Größere Aussicht besitzt schon das Bild in allen seinen Formen, bis hinauf zum Film. Hier braucht der Mensch noch weniger verstandesgemäß zu arbeiten; es genügt, zu schauen, höchstens noch ganz kurze Texte zu lesen, und so werden viele eher bereit sein, eine bildliche Darstellung aufzunehmen, als ein längeres Schriftstück zu lesen.«
(Adolf Hitler)

28. März 1935, Ufa-Palast am Zoo. Uraufführung des NS-Propagandafilms »Triumph des Willens« über den Reichsparteitag 1934.
Nach »Sieg des Glaubens« war er der zweite Teil einer Film-Trilogie zu den Reichsparteitagen der NSDAP in Nürnberg 1933, 1934, 1935, die Leni Riefenstahl im Auftrag Hitlers drehte; 1936 folgte »Tag der Freiheit! – Unsere Wehrmacht«. »Triumph des Willens« – ein markantes Beispiel für den fast schon religiösen Führerkult in Hitler-Deutschland – ist trotz seiner ideologischen Ausrichtung in filmtechnischer und ästhetischer Hinsicht ein wichtiges Werk der Filmgeschichte.

Auf der 25. Internationalen Automobil- und Motorrad-Ausstellung (IAMA), die vom 15. Februar bis 1. März 1935 in den Messehallen am Kaiserdamm stattfand, präsentierte Mercedes Benz den Heckmotor-Sportwagen Typ 150 (W 30) mit 1,5-l-Vierzylindermotor.

Nachdem Adolf Hitler ein Jahr zuvor den Bau eines erschwinglichen Familienfahrzeugs für alle »Volksgenossen« angekündigt hatte, verwies er nun in seiner Eröffnungsrede auf die Fertigstellung der Vorentwürfe eines Volkswagens. Vorgestellt wurde der neue KdF-Wagen dann auf der IAMA 1939, der – infolge des Kriegsbeginns – letzten Automobilausstellung in Nazi-Deutschland.

Tanz im Kroll-Garten am Königsplatz (heute Platz der Republik), im Hintergrund die Weinterrassen und der Wintergarten. Das traditionsreiche Krollsche Etablissement zählte schon im 19. Jahrhundert mit seinen Tanzsälen, Ausstellungsräumen und dem Theater zu den beliebtesten Vergnügungsstätten Berlins.

Die Kroll-Oper, die unter Otto Klemperer 1927 den Rang des bedeutendsten zeitgenössischen Musiktheaters errungen hatte, musste jedoch schon 1931 schließen. Nach dem Reichstagsbrand im Februar 1933 bestimmten die Nationalsozialisten das Haus zum Sitz des Deutschen Reichstags.

Einsturzstelle am Bau des Tunnels der Nord-Süd-Bahn unter der Hermann-Göring-Straße (heute Ebertstraße). Bei dem Unglück am 20. August 1935 starben 19 Bauarbeiter.
Mit dem Bau der schon in den Zwanzigerjahren geplanten Nord-Süd-Strecke der S-Bahn war am 4. Februar 1934 begonnen worden. Am 27. Juli 1936 wurde der erste Bauabschnitt Humboldthain – Unter den Linden eröffnet, am 9. Oktober 1939 der südliche Abschnitt Potsdamer Platz – Anhalter Bahnhof – Großgörschenstraße – Schöneberg und am 5. November 1939 der Abschnitt Anhalter Bahnhof – Yorckstraße – Papestraße (heute Südkreuz).

Sommer 1935 im Café Kranzler am Kurfürstendamm. Der Boulevard im Westen der Stadt, mit seinen Cafés nach der Jahrhundertwende zum Treffpunkt der künstlerischen Avantgarde avanciert, war auch in den Dreißigerjahren noch eine moderne, lebendige Straße mit unzähligen Modegeschäften, Lichtspieltheatern, Cafés, Restaurants, Bars. »Das größte Caféhaus Europas« – so nannte ihn der amerikanische Schriftsteller Thomas Wolfe, der im Mai 1935 als Gast des Rowohlt Verlages zwei Wochen im Hotel am Zoo, Kurfürstendamm 25, logierte.

Der Potsdamer Platz 1935, vom Leipziger Platz aus gesehen. Die Dächer der beiden Schinkelschen Torbauten am unteren Bildrand erinnern daran, dass der Potsdamer Platz einst außerhalb der Stadt lag. Längst aber war er einer der verkehrsreichsten Orte Berlins, schon 1838 fuhr hier vom Potsdamer Bahnhof die erste Eisenbahn Preußens. Umgeben von Geschäften, Bürohäusern, Restaurants, Ballsälen, Wein- und Bierlokalen, trafen am Potsdamer Platz fünf Straßen aufeinander, von rechts: Hermann-Göring-Straße (heute Ebertstraße), Bellevuestraße, Potsdamer Straße, Saarlandstraße (heute Stresemannstraße), Leipziger Straße.
Erst 1932 fertiggestellt wurde das nach Plänen von Architekt Erich Mendelsohn errichtete Columbushaus an der Ecke Hermann-Göring- / Bellevuestraße.

Weithin strahlte die Kuppel vom »Haus Vaterland« an der Saarlandstraße. Mit seinen 2000 Plätzen gehörte es mit den Weinhäusern Huth und Rheingold, dem Pschorr-Haus und dem Café Josty zu den bekanntesten Vergnügungsetablissements am Potsdamer Platz.

Sommerfest auf der Pfaueninsel, am 4. Juli 1936 veranstaltet für Mitglieder aus Berliner Betrieben von der Organisation »Kraft durch Freude« (KdF). Die der Deutschen Arbeitsfront (DAF) angeschlossene, im November 1933 gegründete Organisation war eine der populärsten in den Dreißigerjahren. In ihrer Verantwortung lag die Freizeitgestaltung »aller schaffenden Deutschen«.

»Wir schickten unsere Arbeiter nicht auf Urlaub, weil es uns Spaß machte ... Wir taten das nur, um die Arbeitskraft des einzelnen zu erhalten und um ihn gestärkt und neu ausgerichtet an seinen Arbeitsplatz zurückkehren zu lassen. Die KdF überholt gewissermaßen jede Arbeitskraft von

Zeit zu Zeit, genau so wie man den Motor eines Kraftwagens nach einer gewissen Kilometerzahl überholen muß.«
(Äußerung des DAF-Pressereferenten)

Im September 1935 verkündete Adolf Hitler auf dem Reichsparteitag in Nürnberg das »Reichsbürgergesetz« und das »Gesetz zum Schutze des deutschen Blutes«. Die sogenannten »Nürnberger Gesetze« bildeten die Grundlage für die Diskriminierung der jüdischen Bevölkerung. Solche Schilder gehörten zum Alltag.

April 1936. Vorbereitungen von Filmaufnahmen im neuen Olympiastadion durch Kameraleute der »Fox Tönenden Wochenschau«. Das nach Plänen von Werner March errichtete Stadion an der Stelle des Deutschen Stadions aus dem Jahr 1913 war Teil eines monumentalen dreiteiligen Komplexes aus Olympischem Platz, Stadion und dem Maifeld, das künftigen Massenaufmärschen dienen sollte.

»Fox Tönende Wochenschau« war eines von fünf Wochenschauunternehmen, die jedoch 1939 in der »Deutschen Wochenschau« gleichgeschaltet wurden.

»[So] … ist mir die Olympiade so verhaßt, weil sie nicht eine Sache des Sports ist – bei uns meine ich –, sondern ganz und gar ein politisches Unternehmen. … Immerfort wird dem Volk und den Fremden eingetrichtert, daß man hier den Aufschwung, die Blüte, den neuen Geist, die Einigkeit, Festigkeit und Herrlichkeit, natürlich auch den friedlichen, die ganze Welt liebevoll umfassenden Geist des Dritten Reiches sehe. Die Sprechchöre sind (für die Dauer der Olympiade) verboten, Judenhetze, kriegerische Töne, alles Anrüchige ist aus den Zeitungen verschwunden, bis zum 16. August …«

(Tagebucheintrag Victor Klemperer, 13. August 1936)

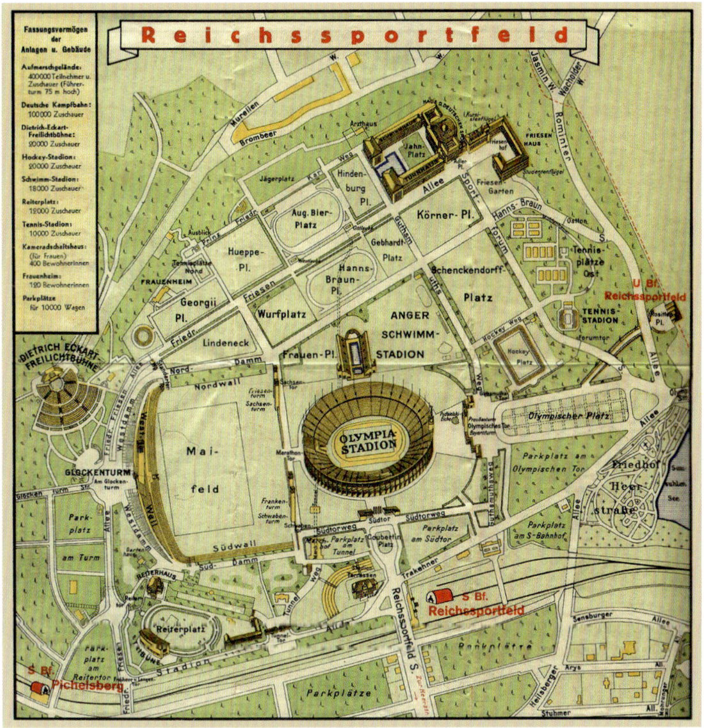

Karte des Olympiageländes aus dem Jahr 1936. Auf dem insgesamt 131 Hektar großen Reichssportfeld entstanden auch ein Schwimm- und Hockeystadion sowie eine Freilichtbühne, die heutige Waldbühne.

*»Fahrt zum Stadion. Durch Hunderttausende.
Erst Regen, dann aufklarend. Stadion bietet einen wunderbaren Anblick. … Alle sind berauscht von den Eindrücken.
Die Fahne. Das Fest beginnt. … Schreie, als die Flamme ankommt. Tausende von Brieftauben fliegen hoch. Olympiahymne von Strauß. Der erste Marathonsieger Louis überreicht dem Führer einen Lorbeerkranz aus Olympia.
Halleluja von Händel.
Große, mitreißende Feier. Triumphale Rückfahrt. In der Reichskanzlei noch lange mit dem Führer parlavert. …
Oft auf dem Balkon. Die Menge tobt. …
Ein schöner, großer Tag. Ein Sieg für die deutsche Sache.«*

(Tagebucheintrag Joseph Goebbels, 2. August 1936)

1. August 1936 im Lustgarten. Über 29.000 Mädchen und Jungen der Hitlerjugend bildeten Spalier für den Staffelläufer der olympischen Flamme auf dem Weg zum »Feueraltar« vor dem Alten Museum. Joseph Goebbels nutzte den Auftakt zu den Olympischen Sommerspielen für eine gewaltige Propagandaveranstaltung, demonstrierte der Welt die »Kraft der deutschen Jugend«. Nach der Zeremonie begab sich der Konvoi mit den Mitgliedern des Internationalen Olympischen Komitees in die Reichskanzlei, wo sie von Hitler begrüßt wurden und von dort zum Olympiastadion fuhren.

1936 wurde erstmals die olympische Flamme auf einem Stafettenlauf von Olympia aus in den Austragungsort der Olympischen Spiele getragen. Am Lustgarten wurde auf zwei »Altären« – vor dem Alten Museum und vor dem Schloss – die Flamme entfacht. Von hier trug ein weiterer Läufer das olympische Feuer ins Olympiastadion.

1. August 1936, Eröffnung der 11. Olympischen Sommerspiele. Auf der Ehrentribüne Mitglieder der NS-Regierung sowie links von Adolf Hitler der Präsident des Internationalen Olympischen Komitees, Henri de Graf Baillet-Latour.

Rechts in der ersten Reihe Theodor Lewald, Präsident des Organisationskomitees. Am Ende der Olympischen Spiele musste Lewald als sogenannter »Halbjude« auf Drängen Hitlers alle seine Funktionen aufgeben.
Ganz rechts Leni Riefenstahl mit einem ihrer Kameramänner.

Jesse Owens aus den USA gewann mit 20,7 Sekunden im 200-Meter-Lauf die Goldmedaille. Im 100-Meter-Lauf (10,3 Sek.), im Weitsprung (8,06 m) sowie mit der 4-mal-100-Meter-Staffel (39,8 Sek.) ersprintete und ersprang sich Owens drei weitere Goldmedaillen und wurde zum viel umjubelten Helden der XI. Olympischen Sommerspiele – nicht zu Hitlers Freude, dessen Auffassung von der Überlegenheit der weißen Rasse durch den Amerikaner hier keine Bestätigung erhielt.

Nach einer Veranstaltung vor der »Scala«, Luther-Straße / Ecke Augsburger Straße (heute Martin-Luther-Straße / Ecke Fuggerstraße). Die »Scala« gehörte neben dem »Wintergarten« in der Friedrichstraße und der »Plaza« am Küstriner Platz (heute Franz-Mehring-Platz) zu den großen Berliner Varietés. Bis 1944 standen hier Berliner Originale wie Lotte Werkmeister auf der Bühne, Künstler wie Beniamino Gigli und Asta Nielsen oder auch künftige Stars wie Caterina Valente.

Claire Waldoff zählte zu den Stars der Berliner Kleinkunstbühnen. Eines ihrer populärsten Couplets versah sie mit einer zusätzlichen Strophe: »Rechts Lametta, links Lametta, / Und der Bauch wird imma fetta, / In den Lüften ist er Meesta – / Hermann heeßt er!« Unverkennbar war dies eine Parodie auf den Oberbefehlshaber der Luftwaffe und Liebhaber phantasievoller Uniformen Hermann Göring. Propagandaminister Joseph Goebbels untersagte Claire Waldoff daher ab 1936 Auftritte in der »Scala«.

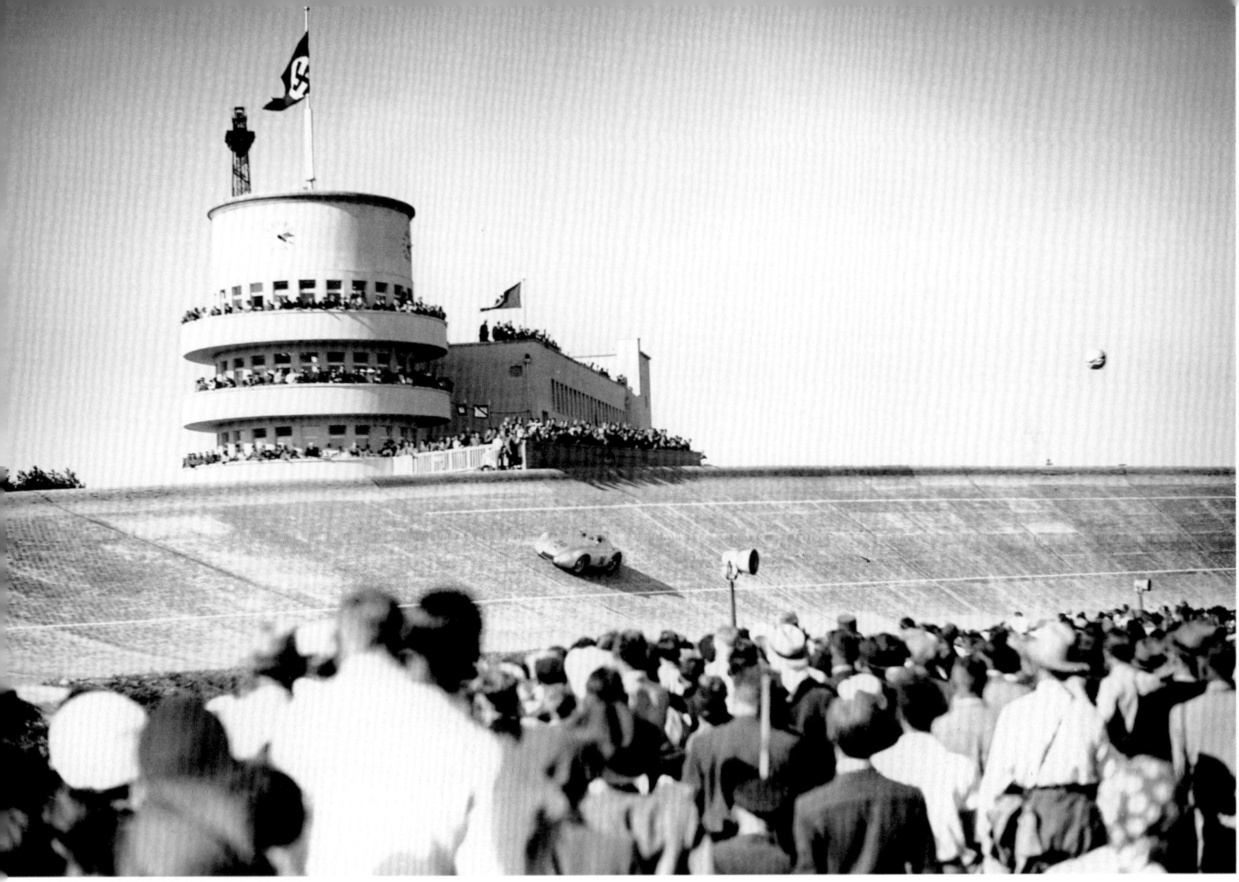

30. Mai 1937. Erstes Autorennen auf der AVUS nach dem Bau der überhöhten Nordkurve und der Errichtung des neuen Verwaltungsgebäudes. Die neue Straßenführung und die moderne Stromlinienverkleidung der Fahrzeuge ermöglichten neue Geschwindigkeitsrekorde, so erreichte der Sieger Hermann Lang im Silberpfeil von Mercedes-Benz eine Spitzengeschwindigkeit von knapp 400 km/h. Bernd Rosemeyer fuhr in seinem Rennwagen der Auto Union mit einem Schnitt von 276,39 km/h die schnellste Runde. Etwa 50.000 Zuschauer im Innenraum bejubelten die »Heroen der Rennbahn«, von den Nationalsozialisten dank ihrer Risikobereitschaft, ihres Durchhaltevermögens und Kampfeswillens zum Helden-Ideal stilisiert.

Das »Café Alois« am Wittenbergplatz 3, in der Tür stehend der Besitzer Alois Hitler, ein Halbbruder Adolf Hitlers. Von dem sieben Jahre älteren Stiefbruder war in den Biografien Hitlers nichts zu lesen, und auch der »Führer« selbst erwähnte ihn nirgendwo.

Alois, der sich mit Gelegenheitsjobs, Diebstählen und Betrügereien in England und Hamburg durchs Leben schlug, war nicht vorzeigbar. 1933 aber ging Alois nach Berlin, kaufte einen Weinausschank in Charlottenburg und übernahm 1937 von einem jüdischen Vorbesitzer das Lokal am Wittenbergplatz. Das »Alois« wurde zu einem Treff für ranghohe Nazis.

Kaufhaus Hertie (vor der sogenannten Arisierung »Hermann Tietz«) am Alexanderplatz im Festschmuck. Im August 1937 feierte Berlin sein 700-jähriges Stadtjubiläum. Über zwei Wochen glich die Stadt einer Vergnügungsmeile mit Höhepunkten wie dem 20 Kilometer langen historischen Festzug, einem Blumenkorso, dem Festspiel »Berlin in sieben Jahrhunderten« – ein Musterbeispiel nationalsozialistischer Massenchoreografie im Olympiastadion –, einer Freigeländeschau auf dem Messegelände sowie Sport- und Kostümfesten. Viel Mühe gab man sich hierbei, den slawischen Ursprung der einstigen Fischerdörfer zu »korrigieren« und eine rein germanische Vorgeschichte Berlins zu konstruieren.

Anlässlich politisch-kultureller Großereignisse – ob »Führers Geburtstag«, Olympische Spiele oder Staatsbesuche – glich die Innenstadt jedes Mal einem riesigen Fahnenmeer, und die Straße Unter den Linden wurde mit den unzähligen Säulen zu einer riesigen Theaterkulisse. Die festlich beleuchteten Pylonen im Vordergrund mit dem Hakenkreuz und dem Wappen des faschistischen Italien verwiesen auf den erwarteten Gast Benito Mussolini. Nach seiner Ankunft am 25. September 1937 in München, der »Stadt der Bewegung«, den anschließenden Besuchen in Essen, der »Waffenschmiede Deutschlands«, und eines Manövers in Mecklenburg, kam er am 27. September für zwei Tage in die Reichshauptstadt.

16. März 1938. BDM-Mädchen in der Belle-Alliance-Straße (heute Mehringdamm) in Erwartung Adolf Hitlers, der nach dem »Anschluss« Österreichs Wien wieder verließ und in die Reichshauptstadt zurückkehrte. Nachdem die österreichischen Truppen gegen den Einmarsch der deutschen Wehrmacht am 12. März keinen Widerstand geleistet hatten, war Hitler unter dem Jubel von Österreichern in Wien eingezogen und hatte am 13. März das Gesetz zum »Anschluss Österreichs« verkündet.

»… die Siegessäule, die unseren Neubauplänen im Wege stand, wurde nicht beseitigt; Hitler sah darin ein Monument deutscher Geschichte, das er, der stärkeren Wirkung wegen, bei dieser Gelegenheit sogar um eine Säulentrommel erhöhen ließ; er zeichnete dazu eine noch erhaltene Skizze und mokierte sich über die Sparsamkeit selbst des triumphierenden preußischen Staates, der sogar an der Höhe seiner Siegessäule geknausert hatte.«

(Albert Speer in seinen »Erinnerungen«)

Blick vom Reichstag über den Königsplatz (heute Platz der Republik) zur eingerüsteten Siegessäule; im Vordergrund das Bismarck-Denkmal, im Hintergrund die Kroll-Oper.
Unmittelbar nachdem am 10. Mai 1938 anlässlich der Rückkehr Hitlers von seiner Reise zu Mussolini die Siegessäule im festlichen Scheinwerferlicht erstrahlte, wurde mit ihrem Abbau begonnen. Nach den Plänen Albert Speers für die Umgestaltung der Reichshauptstadt sollte der Königsplatz zu einem riesigen Aufmarschplatz werden, an dessen nördlichem Ende sich die »Halle des Volkes« erhebt. Siegessäule und die Standbilder Bismarcks, Moltkes und Roons mussten deshalb weichen und wurden auf den Großen Stern verlegt.

»Mit Knüppeln und langen Stangen, johlend und lachend, brachen sie auf dem Kurfürstendamm, in seinen Nebenstraßen und in der Tauentzienstraße in die Geschäfte, Büros und Wohnungen der jüdischen Einwohner ein. ... Andere Trupps zogen nach der Fasanenstraße ... drangen in das Gotteshaus, in die Synagoge ein und setzten sie in Brand. Hoch loderten die Flammen als, von empörten Passanten alarmiert, die Feuerwehr eintraf. Und dann geschah das Unfassbare ... : Die Feuerwehr durfte nicht löschen, die Polizei durfte nicht den Mob verjagen! Hilflos standen die Löschmannschaften vor der brennenden Synagoge: Die SA-Männer hinderten sie am Auslegen der Schläuche, und die Polizei drehte dem schamlosen Schauspiel den Rücken.«

(Bericht eines Zeitzeugen)

Die brennende Synagoge in der Fasanenstraße. Mit der Pogromnacht vom 9. auf den 10. November 1938 erlebte die jüdische Bevölkerung in Nazideutschland das bis dahin brutalste und in seinen Ausmaßen größte Pogrom seit 1933. Schon im Juni 1938 hatte Goebbels erklärt, er werde Berlin »judenrein« machen.

Kapitel 3

Vorboten der Katastrophe

1939 zeigte sich Hitler auf dem Höhepunkt seiner Macht. Nach der Annexion Österreichs im März 1938 und der Besetzung des Sudetenlandes im Oktober 1938 schien seinen Welteroberungsplänen nichts mehr im Wege zu stehen. Mit der am 20. April 1939, seinem 50. Geburtstag, stattfindenden Militärparade demonstrierte Hitler den internationalen Gästen Macht und Stärke. Außenminister Ribbentrop hatte zuvor von ihm den Auftrag erhalten, »möglichst viele feige Zivilisten und Demokraten« dazu einzuladen. Fast fünf Stunden marschierten Soldaten, rollten Panzer und schweres Kriegsgerät über die Ost-West-Achse. Deutschlands Wehrmacht präsentierte sich kriegsbereit.

»Welthauptstadt Germania«

Die Ost-West-Achse, die vom Adolf-Hitler-Platz (heute Theodor-Heuss-Platz) bis zum Brandenburger Tor führte, war Teil der größenwahnsinnigen Pläne für die Welthauptstadt Berlin und am 19. April 1939 mit großem Pomp eröffnet worden. Architektur diente Hitler in erster Linie dazu, Macht und Herrschaft des »Dritten Reiches« zum Ausdruck zu bringen. In Berlin wollte er »Werke für die Ewigkeit« entstehen lassen, »nur mit dem alten Ägypten, Babylon oder Rom vergleichbar«. Auf dem Reichsparteitag 1937 formulierte er: »Weil wir an die Ewigkeit dieses Reiches glauben, sollen auch diese Werke ewige sein ... nicht gedacht sein für das Jahr 1940, auch nicht für das Jahr 2000, sondern sie sollen hineinragen gleich den Domen unserer Vergangenheit in die Jahrtausende der Zukunft.«

Unter Albert Speer, dem Generalbauinspektor für die Reichshauptstadt, war 1937 mit den ersten Abrissarbeiten für die Umgestaltung der Stadt begonnen worden. Für die überdimensionierten Bauten, Straßen und Plätze musste zunächst das alte Tiergartenviertel weichen. Dort, nahe dem Landwehrkanal, am geplanten »Runden Platz«, der von der Nord-Süd-Achse durchquert werden sollte, entstand das »Haus des Fremdenverkehrs«.

Zur gleichen Zeit wuchs im Grunewald das Gebäude der Wehrtechnischen Universität empor, das als Teil einer gigantischen, kreisförmig angelegten Hochschulstadt mit einem an den Parthenon erinnernden Auditorium maximum gedacht war. 1940, als alle Tätigkeiten an nicht-kriegswichtigen Bauten eingestellt werden mussten, kamen die Arbeiten auch an diesen beiden Gebäuden zum Erliegen. Der Rohbau der Wehrtechnischen Universität ist heute unter dem Teufelsberg begraben. Das im Krieg nur wenig zerstörte »Haus des Fremdenverkehrs« wurde 1962 abgerissen, um dort später das Kulturforum mit Philharmonie, Neuer Nationalgalerie und Staatsbibliothek zu errichten.

Normaler Alltag?

Am 30. Januar 1939 sprach Hitler in seiner Rede vor dem Reichstag noch vom »langen Frieden«, und dass ein Krieg nur vom »internationalen Finanzjudentum« von Zaun gebrochen werden könne. Eine perfide Behauptung, mit der er schon die künftige Vernichtung des Judentums rechtfertigte. Die Mehrheit der Deutschen nahm solche Erklärungen »ihres Führers« zu dieser Zeit allerdings als Friedensgarantie. Auch in Berlin schienen nur wenige an einen bevorstehenden Krieg zu glauben. Sorgen machen wollten sich die Menschen möglichst keine, vielmehr genossen sie das Leben in der Reichshauptstadt, zeigten sich begeistert von den bombastischen Feiern der Nationalsozialisten zur Einweihung der Reichskanzlei, zur Eröffnung der Ost-West-Achse, zu »Führers« Geburtstag. Sie tauchten ein in die unübersehbare Menschenmenge, wenn es darum ging, der aufmarschierten Wehrmacht zuzujubeln oder den Soldaten der Legion Condor, die am 6. Juli 1939 durch das Brandenburger Tor marschierten, zurückgekehrt aus dem Spanischen Bürgerkrieg, wo sie mit ihren Bomben Guernica in Schutt und Asche gelegt hatten.

Der Alltag in der Reichshauptstadt schien sich noch immer in geordneten Bahnen zu bewegen, man genoss die Kultur und amüsierte sich – jedoch nach der Façon der NS-Politik. Ob in der Kunst oder in der Unterhaltung – was gezeigt, was und wie gesungen, gespielt oder getanzt wurde, bestimmte das NS-Propagandaministerium. Als Gauleiter von Berlin riss Propagandaminister Joseph Goebbels immer mehr Entscheidungsbefugnisse an sich und übte direkten Einfluss auf die Kulturinstitutionen der Stadt aus. Im Frühjahr 1938 war nach der großen Propagandaschau in München auch im Berliner Haus der Kunst am Königsplatz (das Gebäude wurde 1939 für die Umgestaltung Berlins abgerissen) die Ausstellung »Entartete Kunst« zu sehen. Expressionisten, Dadaisten, Surrealisten und Künstler der Neuen Sachlichkeit sowie ihre Kunstwerke wurden diffamiert mit Charakterisierungen wie »seelische Verwesung«, »krankhafte Phantasten«, »geisteskranke Nichtskönner«. Die Künstler erhielten Arbeitsverbot und ihre Werke wurden aus den Museen entfernt, beschlagnahmt und gewinnbringend ins Ausland verkauft. Was nicht veräußert werden konnte, wurde vernichtet. So verbrannte man am 20. März 1939 etwa 5000 Kunstwerke aus einem Depot in der Köpenicker Straße auf dem Hof der Hauptfeuerwache in der Kreuzberger Lindenstraße. 1938 organisierten die Nationalsozialisten entsprechend eine Ausstellung »Entartete Musik«, in der neben »kulturbolschewistischen« Komponisten wie Hanns Eisler, Paul Hindemith oder Arnold Schönberg auch Swing und Jazz am Pranger standen. Jazz und Swing, sogenannte »Negermusik« wurde dann auch zunehmend aus den Tanzcafés und Bars verbannt. Noch existierende Kabaretts mutierten zu Orten unverfänglichen Humors, politische Gags wurden verboten. Der Versuch von Willi Schaeffers, am 1. Februar 1939 im Gespräch mit Goebbels einen gewissen Freiraum für sein »Kabarett der Komiker« am Lehniner Platz zu retten, endete völlig erfolglos. Vielmehr nahm Goebbels das Treffen zum Anlass für entsprechende Erlasse und für einen Artikel gegen die »politischen Witzemacher« und »Intellektuellen« im »Völkischen Beobachter«. Ein Verbot sprach Goebbels ebenso gegen die Film- und Kunstkritik aus, fortan durften die Journalisten nicht mehr werten, sondern nur noch beschreiben. Für den Film hatte sich Goebbels schon 1935 zum Oberzensor mit unbegrenzter Verbots- und Weisungsbefugnis ernennen lassen. Er entschied, welche Filme »dem Geist der Zeit« zuwiderliefen und »nationalsozialistisches oder künstlerisches Empfinden verletzen«. Politische Indoktrination und Unterhaltung standen im Vordergrund. Am 12. Februar 1939 notierte er: »Das deutsche Volk gibt im Jahr 850 Millionen rund für Kultur- und Unterhaltungszwecke aus. Das alles würde sich sonst auf den Lebensmittelmarkt werfen. Also müssen wir unsere Kulturarbeit intensivieren.« Eine eher befremdliche Logik, die aber sehr bald eine Erklärung fand: Am 27. August 1939 erfuhren die Berliner, dass von nun an Kohle, Treibstoff, Spinnstoffwaren sowie Lebensmittel rationiert wurden.

Nur drei Tage später, am 1. September 1939, überfielen deutsche Truppen Polen, woraufhin Frankreich und England Deutschland den Krieg erklärten. Der Zweite Weltkrieg hatte begonnen.

Die ersten Kriegsjahre

Als Hitler am Morgen des 1. September zur Kroll-Oper fuhr, um den Beginn des Krieges zu verkünden, blieb Jubel aus. Die anfänglich gedrückte Stimmung legte sich jedoch bald nach den ersten schnellen Siegen in Polen. Der Krieg war weit entfernt, und der heimische Alltag bestimmte das Leben. Am 30. September schon wurde das ausgesprochene Tanzverbot wieder aufgehoben, Restaurants füllten sich wieder. Der Kurfürstendamm blieb Flaniermeile wie eh und je, Theater, Konzerte, Kinos, Varietés waren gut besucht. Und nach der Einnahme von Paris strömten im Juli 1940 erneut Zehntausende wie berauscht in das Regierungsviertel, um die siegreichen Truppen des Frankreichfeldzuges und Hitler als den »größten Feldherrn aller Zeiten« zu feiern. Es dauerte jedoch nicht lange, und der Krieg forderte auch von den Berlinern Tribut. Zu den ersten von britischen Bombern im August 1940 zerstörten Häusern pilgerten sie noch hin wie zu einer Touristenattraktion. Mit dem am 22. Juni 1941 beginnenden Feldzug gegen die Sowjetunion wendete sich das Blatt. Von nun an kam der Krieg unaufhaltsam näher.

Berlin wird »judenrein«

Noch bis zum Pogrom am 9. November 1938 hatten die meisten in Berlin lebenden Juden gehofft, dass die Schikanen gegen sie irgendwann ein Ende haben würden. Doch diese Nacht, in der viele von ihnen misshandelt, getötet und verhaftet wurden, beerdigte die letzten Hoffnungen. Goebbels machte nun keinen Hehl mehr daraus, dass er alle Juden aus Berlin vertreiben würde. Am 11. Juni 1938 hatte er vor Polizeioffizieren gesprochen: »Ich putsche richtig auf. Gegen jede Sentimentalität. Nicht Gesetz ist die Parole, sondern Schikane. Die Juden müssen aus Berlin heraus. Die Polizei wird mir dabei helfen.« Schon am 27. Oktober 1938 war die Ausweisung aller polnischstämmigen Juden aus der Stadt erfolgt, und nach der sogenannten »Kristallnacht« erhöhte er den Druck auf die jüdischen Organisationen, die Auswanderung unter Zurücklassung des Vermögens zu beschleunigen. Zudem mussten sie für die »Schäden des Tumults« – so Joseph Goebbels – in Höhe von einer Milliarde Reichsmark aufkommen. Weitere Schikanen folgten Schlag auf Schlag: Sperrung von Telefonanschlüssen, Verbot des Besuchs von Theatern, Konzerten, Kinos, Badeanstalten etc., Entzug des Führerscheins ... Noch im November wurde jüdischen Kindern der Besuch öffentlicher Schulen untersagt und am 6. Dezember erfolgte die Verhängung des sogenannten »Judenbanns« – das Betreten und Befahren bestimmter Straßen, Plätze, Anlagen insbesondere im Stadtzentrum war somit Juden untersagt. Im November 1938 lebten in Berlin noch 140.000 Juden, im Frühjahr 1939 waren es noch 75.000.

Einher gingen diese Aktionen mit einer breit angelegten antisemitischen Hetze, wie der Ausstellung »Der ewige Jude« vom 12. November 1938 bis 13. Januar 1939 in den Hallen am Kaiserdamm. Dargestellt wurden die Juden als Wucherer und Hehler, die man aus Notwehr in Gettos sperren oder vertreiben müsse. Ein noch schlimmeres Machwerk wurde unter dem gleichen Titel am 28. November 1940 im Ufa-Palast am Zoo uraufgeführt. Der von Goebbels in Auftrag gegebene sogenannte »Dokumentarfilm« war zum Teil in polnischen Gettos gedreht worden. Die Menschen dort, die unter unmenschlichen, unwürdigen Bedingungen dahinvegetierten, dienten als Beweis eines angeblich unzivilisierten und daher minderwertigen Lebens der Juden.

Am 19. September 1941 trat in Berlin die Verordnung vom 1. September in Kraft, nach der Juden gezwungen waren, den gelben Stern zu tragen, für 10 Pfennig waren sie an diesem Tag zu erwerben. Einen Monat später, am 18. Oktober begannen die »Aussiedlungen« in die Ostgebiete. Den Transporten zu entkommen, war kaum mehr möglich, am 23. Oktober erhielten die Behörden die Weisung, keine Auswanderungen mehr zu genehmigen. Den ersten Transporten vom Bahnhof Grunewald in das Getto Litzmannstadt (Łódź) folgten weitere nach Riga und Kowno (Kaunas).

Am 20. Januar 1942 trafen sich in der Villa am Großen Wannsee hochrangige Vertreter der NS-Regierung und der SS, um die systematische Vernichtung der Juden zu organisieren. Die sogenannte »Endlösung der Judenfrage« wurde schließlich dem Leiter des Reichssicherheitshauptamtes Reinhard Heydrich übertragen. Von jetzt an erfolgte die planmäßige Ermordung der Juden.

Am 11. Juli 1942 fanden in Berlin erste Transporte nach Auschwitz statt. Vom jüdischen Altersheim in der Großen Hamburger Straße oder von der Synagoge in der Levetzowstraße wurden die Menschen zu Fuß durch die Stadt getrieben, zu den Bahnhöfen Putzlitzstraße (heute Westhafen) oder Grunewald und von dort in das Vernichtungslager deportiert.

Ende 1941 lebten noch etwa 55.000 Juden in Berlin. Nach der Befreiung im Mai 1945 gab es hier noch etwa 4700 Juden aus sogenannten »Mischehen«, 1900 Überlebende aus Lagern und Gettos sowie 1400, die der Ermordung durch die Nationalsozialisten in Verstecken entgangen waren.

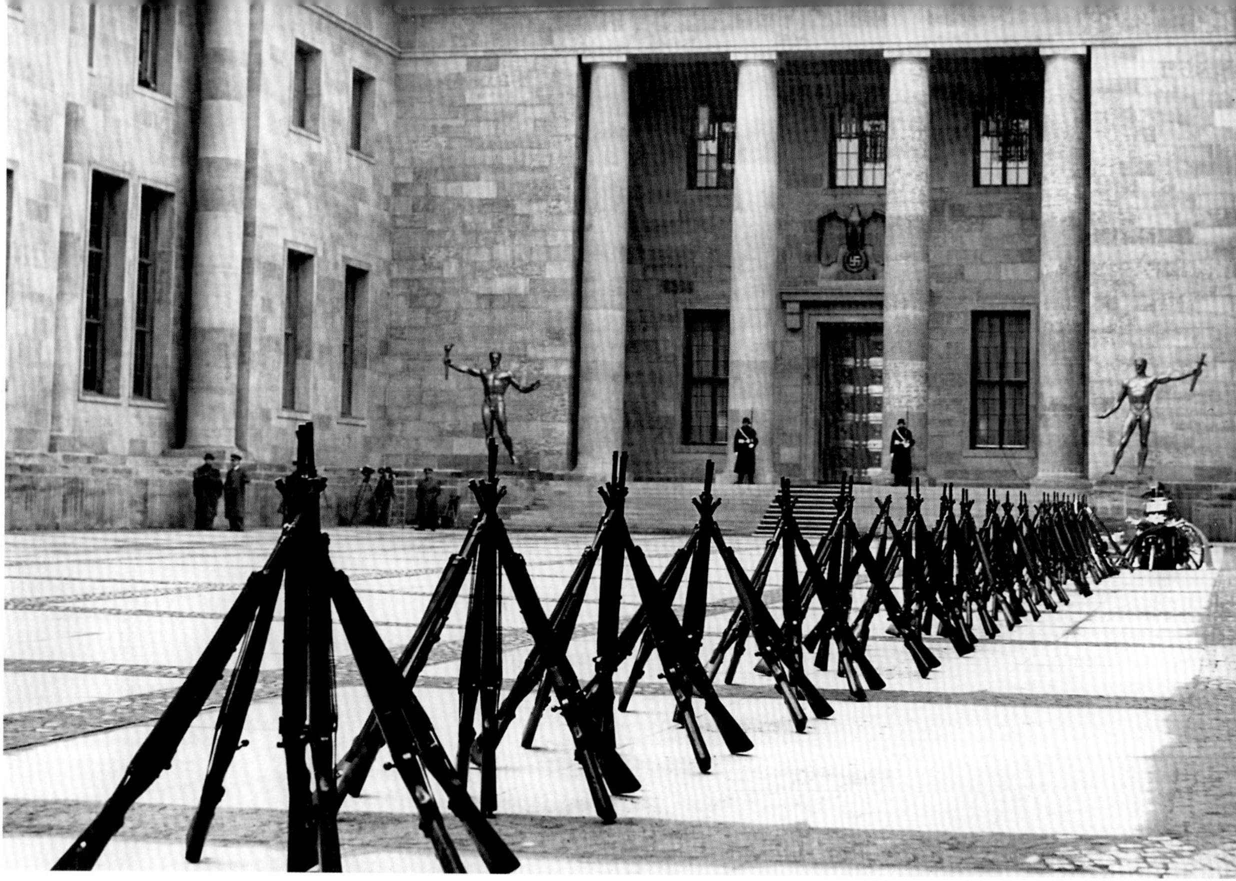

Gewehre der Ehrenkompanie im Ehrenhof der gerade fertiggestellten Neuen Reichskanzlei während des Neujahrsempfangs für das Diplomatische Corps am 12. Januar 1939. Vor dem Haupteingang die Skulpturen »Partei« (Fackelträger) und »Wehrmacht« (Schwertträger) von Arno Breker.

Der Ende der Zwanzigerjahre errichtete Erweiterungsbau der alten Reichskanzlei in der Wilhelmstraße und der Umbau 1934 genügten Hitlers Repräsentationsansprüchen nicht. Er verlangte ein neues Gebäude, das dem Herrschaftsanspruch des nationalsozialistischen Deutschland und der »Macht und Herrlichkeit des Führers« entsprechen sollte. Der Entwurf für die Neue Reichskanzlei, die sich nun an der Voßstraße auf einer Länge von 420 Metern erstreckte, stammte von Albert Speer. Die Bauzeit von nur einem Jahr für die Neue Reichskanzlei wurde von der NS-Propaganda als Ausdruck der »Leistungsfähigkeit und der kulturellen Überlegenheit Großdeutschlands« gefeiert.

Modell der Großen Halle, des wohl spektakulärsten Bauwerks der Umgestaltungspläne für die Reichshauptstadt; ganz rechts die Kuppelspitze des Reichstags. Über der »Halle des Volkes« mit Platz für 180.000 Menschen sollte sich mit einem Grunddurchmesser von 250 Metern die größte Kuppel der Welt erheben, als Höhepunkt der 120 Meter breiten Nord-Süd-Achse, einer »Paradestraße«, die durch einen kolossalen Triumphbogen (hier im Vordergrund) führen sollte. Am 30. Januar 1937 ernannte Hitler seinen Architekten Albert Speer zum Generalbauinspektor für die Reichshauptstadt (GBI), da er Stadtpräsident Julius Lippert für unfähig hielt, die geschichtliche Größenordnung des Nationalsozialismus mit den entsprechenden Konsequenzen für die Umgestaltung der Stadt zu erkennen. Nach den Vorstellungen Hitlers entstand der Entwurf einer in ihren Dimensionen noch nie dagewesenen Metropole, der »Welthauptstadt Germania«, von welcher Speer entsprechende Modelle anfertigen ließ.

»Parade vor dem Führer. Sie dauert fast 5 Stunden. Ein glänzendes Bild deutscher Macht und Stärke. Unsere schwerste Artillerie wird zum ersten Mal gezeigt. Alles ist maßlos erstaunt und verblüfft. Stürme des Beifalls. Der Führer wird vom Volk gefeiert, wie sonst nie ein sterblicher Mensch gefeiert wurde. So also stehen wir da. Im gleißenden Sonnenlicht leuchtet die Siegesgöttin. Das Publikum rast vor Begeisterung.
So sah ich unser Volk noch nie.«

(Tagebucheintrag Joseph Goebbels, 21. April 1939)

Parade zum 50. Geburtstag Hitlers, hier am Knie (heute Ernst-Reuter-Platz), links die Bismarckstraße, im Hintergrund rechts das Rathaus Charlottenburg. Es war »die bisher bedeutendste Zurschaustellung militärischer Macht Deutschlands«, schrieb der amerikanische Korrespondent William L. Shirer angesichts der viereinhalbstündigen Machtdemonstration, zu der Hitler auch internationale Militärs und Journalisten eingeladen hatte.

Am Morgen des 20. April 1939 in dem 404 Quadratmeter großen Empfangssaal der Neuen Reichskanzlei, der in seiner Monumentalität der 300 Meter langen, benachbarten Marmorgalerie in nichts nachstand. Ministerpräsident Generalfeldmarschall Hermann Göring (links) gratuliert im Namen der Reichsregierung Hitler zum 50. Geburtstag. Nach der Gratulationscour begab sich Hitler über die am Abend zuvor eingeweihte Ost-West-Achse zur Festtribüne gegenüber der Technischen Hochschule an der Charlottenburger Chaussee (heute Straße des 17. Juni), um die Militärparade abzunehmen.

Es gibt auch andere Stimmen:

»Hitler feiert seinen 50. Geburtstag. Mit Pauken und Trompeten. Mit Aufmärschen, Fahnengeflatter und bengalischer Beleuchtung. Gestern abend ist die sogenannte Ost-West-Achse eröffnet worden. Die Prachtstraße, die über das Brandenburger Tor zum Reichskanzlerplatz (heute Theodor-Heuss-Platz) führt. Hunderte von eisernen Fahnenmasten flankieren sie auf beiden Seiten ›Bronzegalgen in spe‹ nennt man sie heimlich. Die Fahnen flattern in malerischer Scheinwerferbeleuchtung. Unter ihnen drängen sich die Schaulustigen. Lachend, schwatzend, abenteuersuchend schieben sie sich, in schwarzverknäultem Haufen, der Siegessäule entgegen. An ein Durchkommen ist nicht zu denken. ›Meinen die nun Sensation oder meinen sie Adolf Hitler?‹, fragt Andrik kopfschüttelnd, während wir versuchen, uns nach der Friedrichstraße durchzuboxen. ›Heil!‹ rauscht es da von weitem auf. ›Heil! ... Heil!! ... Heil!!!‹ pflanzt es sich, immer näher rückend, fort. – ›Teufel, der Führer!‹ murmelt Andrik und drängt mich mit Aufbietung aller Kräfte in eine Seitenstraße. Hinter uns reckt sich die Menge zum ›Deutschen Gruß‹. ›Sieg Heil! Sieg Heil‹ hören wir sie rufen. Wer den Arm nicht hebt, wird festgenommen. Als wir uns umschauen, sehen wir etwa fünfzehn bis zwanzig Leute, die sich gleichfalls aus der Masse herauswinden und hastig in der stillen Straße untertauchen. ›Guten Abend‹ begrüßen wir sie im Vorübergehen. – ›Guten Abend‹, antworten sie freundlich. Einer zieht sogar mit gerührtem Lächeln den Hut.
Am Mittag findet die Festparade statt. Vorschau auf die nationalsozialistische Kriegspotenz. ... Wieder säumen Menschenmassen die Straßen. Vorweg eine Absperrkette der SA. Dahinter BDM und Hitlerjugend. ... ›Sieg Heil!‹ jauchzt die Menge. Auf einer Küchenleiter, inmitten des Volksgedränges, sitzt ein Arbeiter. ... Sinnend blickt er auf die rollenden Panzer. ›Und denn keen Droppen Benzin‹, hört man ihn brummen, ›denn is det alles Käse‹. Die Umstehenden schauen erschrocken zu ihm empor. Als sie merken, daß niemand protestiert, riskieren sie ein beifälliges Lächeln. Und wieder fragt man sich ratlos: Was meinen sie nun eigentlich? Sind sie dagegen, oder sind sie dafür?«

(Tagebucheintrag Ruth Andreas-Friedrich, 20. April 1939)

24. März 1941, am »Tag der Wehrmacht« im Lustgarten. Schaulustige besichtigen den historischen Eisenbahnwaggon von Compiègne. 1918, am Ende des Ersten Weltkriegs, hatte die kaiserliche deutsche Armee in diesem Wagen den Waffenstillstand unterzeichnet. Um diese »Schmach der Deutschen Niederlage für immer« auszulöschen, ließ Hitler nach dem Sieg über Frankreich den Waggon aus dem Museum von Compiègne holen und inszenierte darin mediengerecht die Unterzeichnung der Kapitulation am 22. Juni 1940. Später ordnete er den Transport des Waggons nach Berlin an, wo er als Kriegstrophäe eine Woche lang zu sehen war. Anschließend in einem Schuppen untergestellt, wurde er dann 1944 in den thüringischen Ort Crawinkel gebracht und in den letzten Kriegsmonaten zerstört. Diejenigen vom Brand kaum beschädigten Teile dienten in der DDR als Unterbau für einen Werkswagen, zuletzt im Weichenwerk von Gotha, bis der 1986 endgültig verschrottet wurde.

Am Bahnhof Friedrichstraße um 1940. Im ersten Kriegsjahr nach dem Überfall der deutschen Wehrmacht auf Polen macht sich nach den Siegesmeldungen im Osten und Westen unter großen Teilen der Bevölkerung wieder eine nahezu sorgenfreie Stimmung breit. Berlin ist noch weit weg vom Krieg, hier scheint der Alltag in gewohnter Weise zu verlaufen. Auch als im August 1940 erste Bomben auf die Stadt fallen, zeigen sich nur wenige beunruhigt, denn noch sind die Zerstörungen punktuell und begrenzt.

> ***»In der Nacht kleiner Bombenangriff auf Berlin. In Babelsberg Post und einige Privathäuser zerstört. Dazu Lazarett. Ich fahre selbst hin und lasse aus der ganzen Sache einen Fall machen. Brauchbar für die kommenden Aktionen gegen England. Das Ausland soll darauf vorbereitet werden.«***

(Tagebucheintrag Joseph Goebbels, 23. Juni 1940)

Metallspende des deutschen Volkes zum Geburtstag des Führers im Kriegsjahr 1940

Im Namen des Führers danke ich

für die opferbereite Beteiligung an dieser Spende.

Generalfeldmarschall

Am 27. März 1940 veröffentlicht Generalfeldmarschall Hermann Göring den Aufruf zur Metallspende für die Beschaffung kriegswichtiger Rohstoffe. In eigens eingerichteten Sammelstellen sollten jedwede aus Metall bestehenden Gegenstände abgegeben werden – von Blasinstrumenten über Grabkreuze, schmiedeeiserne Zaun- und Toranlagen, Brunnen und Denkmäler bis hin zu Fahnenspitzen. Als Dank erhielten der Spender oder die Spenderin eine Urkunde.

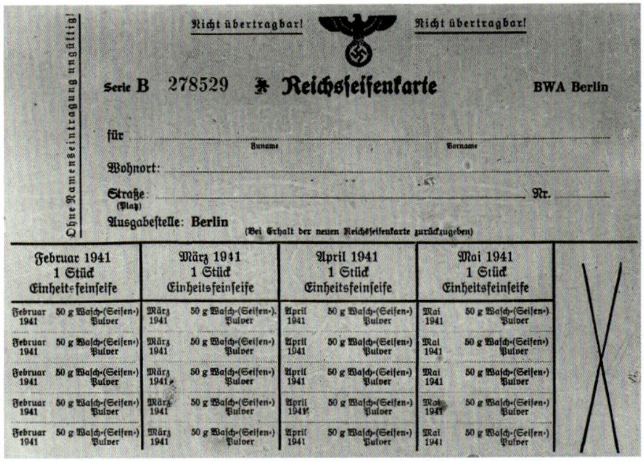

Ohne Namenseintragung ungültig!

Nicht übertragbar! Nicht übertragbar!

Serie B 278529 Reichsseifenkarte BWA Berlin

für ______ Zuname ______ Vorname

Wohnort: ______

Straße (Platz): ______ Nr. ______

Ausgabestelle: Berlin (Bei Erhalt der neuen Reichsseifenkarte zurückzugeben)

Februar 1941 1 Stück Einheitsfeinseife	März 1941 1 Stück Einheitsfeinseife	April 1941 1 Stück Einheitsfeinseife	Mai 1941 1 Stück Einheitsfeinseife
Februar 1941 50 g Wasch-(Seifen-) Pulver	März 1941 50 g Wasch-(Seifen-) Pulver	April 1941 50 g Wasch-(Seifen-) Pulver	Mai 1941 50 g Wasch-(Seifen-) Pulver
Februar 1941 50 g Wasch-(Seifen-) Pulver	März 1941 50 g Wasch-(Seifen-) Pulver	April 1941 50 g Wasch-(Seifen-) Pulver	Mai 1941 50 g Wasch-(Seifen-) Pulver
Februar 1941 50 g Wasch-(Seifen-) Pulver	März 1941 50 g Wasch-(Seifen-) Pulver	April 1941 50 g Wasch-(Seifen-) Pulver	Mai 1941 50 g Wasch-(Seifen-) Pulver
Februar 1941 50 g Wasch-(Seifen-) Pulver	März 1941 50 g Wasch-(Seifen-) Pulver	April 1941 50 g Wasch-(Seifen-) Pulver	Mai 1941 50 g Wasch-(Seifen-) Pulver
Februar 1941 50 g Wasch-(Seifen-) Pulver	März 1941 50 g Wasch-(Seifen-) Pulver	April 1941 50 g Wasch-(Seifen-) Pulver	Mai 1941 50 g Wasch-(Seifen-) Pulver

Reichsseifenkarte aus dem Jahr 1941. Nach Lebensmitteln wurden bald auch Bezugsscheine für andere Verbrauchsgüter ausgegeben, zum Beispiel ab November 1939 die für ein Jahr gültige Kleiderkarte. Sie enthielt 100 Punkte; einen Pullover erhielt man für 25, ein Damenkostüm für 45, ein Paar Strümpfe für vier Punkte.

Vorbereitung der Grünflächen auf dem Gendarmenmarkt im November 1942 für eine landwirtschaftliche Nutzung des Geländes. Mit Beginn des Krieges im September 1939 wurde die Lebensmittelrationierung eingeführt. Fett, Fleisch, Butter, Milch, Käse, Zucker, Marmelade, Brot und Eier waren nur noch auf Lebensmittelkarten erhältlich, pro Woche gab es für einen Normalverbraucher zum Beispiel 2250 Gramm Brot, 500 Gramm Fleisch und 270 Gramm Fett. Sonderzulagen erhielten Schwerarbeiter sowie Schwangere und Kinder. Im Laufe des Krieges wurden die Zuteilungen zwar geringer, jedoch funktionierte die Versorgung bis Anfang 1945 – durch die erbarmungslose Ausbeutung besetzter Gebiete, wo man die Menschen dem Hungertod auslieferte.

Tarnnetze über der Charlottenburger Chaussee (heute Straße des 17. Juni) im Winter 1942; im Hintergrund die Siegessäule. Unter den Netzen sollten aus der Luft leicht zu erkennende Merkmale der Innenstadt verborgen werden, um den britischen Bomberverbänden gezielte Angriffe auf das Regierungsviertel zu erschweren. Von August 1940 bis Dezember 1941 registrierte man in Berlin 448 Luftkriegstote und über 1000 Verletzte, 20.000 hatten ihre Wohnung verloren. Noch ahnte kaum jemand das Ausmaß des Bombenkriegs in den folgenden Jahren, zumal die Reichshauptstadt im Jahr 1942 nur neunmal das Ziel britischer Bombengeschwader war.
Bombenschäden und bereits erfolgter Abriss von Wohnhäusern für die »Welthauptstadt Germania« führten schon Anfang der Vierzigerjahre zu einer Wohnungsnot in Berlin. Systematisch wurden deshalb Juden aus ihren Wohnungen vertrieben.

Der im Oktober 1941 fertiggestellte Flakturm im Volkspark Friedrichshain. Er war einer von drei zum Schutz des Stadtzentrums errichteten »Luftwehrtürmen«, zu denen jeweils in etwa 300 Meter Entfernung ein Kommando- und Leitturm gehörte. Die Außenmaße der drei Stahlbetonmonstren am Zoo, im Friedrichshain und im Humboldthain betrugen 70,5 x 70,5 Meter, und die jeweils vier Geschütztürme hatten eine Höhe von etwa 42 Metern, die obere Abschlussdecke eine Dicke von 3,5 Metern und die Wände von 2–2,5 Metern. Etliche Etagen in den Flaktürmen dienten als Bunker für die Bevölkerung und einige als Lagerflächen für Kunstschätze der Berliner Museen. Im Zoobunker war darüber hinaus ein Krankenhaus für Prominente eingerichtet. 1940 wurde unter der Leitung von Albert Speer ein umfangreiches Bunkerbauprogramm gestartet. Zwei Hochbunker stehen noch heute: an der Pallasstraße in Schöneberg und der Reinhardtstraße in Mitte.

Kapitel 4

Der Untergang

»›Ich frage euch: Wollt ihr den totalen Krieg? Wollt ihr ihn, wenn nötig, totaler und radikaler, als wir ihn uns heute überhaupt noch vorstellen können?‹

Die Menge erhebt sich wie ein Mann. Die Begeisterung der Masse entlädt sich in einer Kundgebung nicht dagewesenen Ausmaßes. Vieltausendstimmige Sprechchöre brausen durch die Halle: ›Führer befiehl, wir folgen!‹ Eine nicht abebbende Woge von Heilrufen auf den Führer braust auf. Wie auf ein Kommando erheben sich nun die Fahnen und Standarten, höchster Ausdruck des weihevollen Augenblicks, in dem die Masse dem Führer huldigt.«

Totaler Krieg an der Heimatfront

So der Wortlaut des berüchtigten Satzes, den Goebbels am 18. Februar 1943 im Schöneberger Sportpalast seinen Anhängern zurief, und die propagandistisch ausgeschlachtete Kommentierung von offizieller Seite. Anlass für Goebbels' Sportpalast-Auftritt war der desaströse Zustand der Wehrmacht nach der vernichtenden Niederlage in Stalingrad. In seiner fast zweistündigen Rede konfrontierte Goebbels die etwa 14.000 geladenen Zuhörer mit einer denkbaren Niederlage der Wehrmacht und den verheerenden Folgen für die Deutschen. In seiner perfiden, demagogischen Rhetorik putsche er das Publikum auf zu einem »vieltausendstimmigen JA«. Der tosende Beifall im Sportpalast sollte eine uneingeschränkte Zustimmung der gesamten Bevölkerung suggerieren. Doch die Worte des Propagandaministers funktionierten längst nicht wie gewünscht als Initialzündung für den totalen Krieg. Kriegsunwichtige Betriebe, Einrichtungen oder Luxusgeschäfte wurden zwar geschlossen sowie die Zahl der an der Heimatfront unentbehrlichen, jedoch wehrtauglichen Männer auf ein Minimum beschränkt, doch konnte in den folgenden Monaten nur die Hälfte der dienstpflichtigen Frauen dazu bewegt werden, sich zum Arbeitseinsatz zu melden. Da half auch nicht, dass Goebbels an seine »Berliner Mitbürgerinnen« appellierte, »sich schnell, prompt und ohne viel Einwendungen einer kriegswichtigen Arbeit zur Verfügung zu stellen«. Wenn nötig »14 oder 16 Stunden täglich zu arbeiten und das Letzte herzugeben für den Sieg«, dazu erklärten sich nur wenige Berlinerinnen freiwillig bereit. Nach dem recht friedlichen Jahr 1942 erlebte die Stadt ab 1943 wieder heftige Bombenangriffe, die die Frauen, von denen die meisten alleine für ihre Familien sorgen mussten, täglich vor neue Bewährungsproben stellten. Im August begann zudem die Evakuierung von Frauen mit kleinen Kindern, von Alten und Kranken. Bis Oktober verließen mehrere Hunderttausend Berliner die Stadt.

Ohne Wenn und Aber bereitwillig die in einem totalen Krieg notwendigen Opfer zu erbringen, sich gänzlich einzuordnen in die »Volksgemeinschaft« unter Zurückstellung aller privaten Belange – dies waren Forderungen einer vor der »bolschewistischen Gefahr aus dem Osten«, vor den »Untermenschen aus der Steppe« warnenden Propagandamaschinerie. Keine Unterschiede sollten mehr existieren zwischen militärischer und Heimatfront. »Deutsche Männer ans Gewehr! Deutsche Frauen an die Arbeit!«, rief Goebbels. Bei Widerspruch drohte die Todesstrafe. Ab 1943 nahm die Zahl der Todesurteile drastisch zu.

Zwangsarbeit

Nach der Abkommandierung der Männer an die Front fehlten die für die Rüstungsindustrie notwendigen Arbeitskräfte. Die Reichshauptstadt gehörte zu den wichtigsten Rüstungszentren in Deutschland. Aus Berlins Fabriken kamen jeder zehnte Flugzeugmotor, jeder vierte Panzer und fast die Hälfte aller Geschütze, aus den unzähligen kleinen Betrieben in den Hinterhöfen – zum Beispiel in der Kreuzberger Ritterstraße – stammten wichtige Zulieferteile. Um die Produktion weiterhin zu gewährleisten, war Albert Speer, seit Februar 1942 auch Rüstungsminister, auf Zwangsarbeiter angewiesen. Zu ihnen gehörten Ende 1942 noch etwa 20.000 jüdische Berliner – zum Missfallen von Goebbels. Er forderte deshalb die Unternehmen auf, sie bis zum 31. März 1943 durch ausländische Arbeiter zu ersetzen. Die sogenannte »Fabrikaktion« am 27. Februar war dann der Auftakt für die Deportation der letzten noch in Berlin lebenden Juden durch die Gestapo. Die Zahl der ausländischen Zwangsarbeiter stieg ab diesem Zeitpunkt sprunghaft an. Man schätzt, dass es während des Krieges etwa 500.000 in Berlin gegeben hat, etwa 20 Prozent der Beschäftigten. Davon waren über 380.000 zivile Arbeitskräfte – darunter etwa ein Drittel Frauen –, 70.000 Kriegsgefangene und etwa 10.000 Häftlinge, die in 17 Außenlagern des KZs Sachsenhausen von den Unternehmen hemmungslos ausgebeutet wurden. Zumeist lebten und arbeiteten sie alle unter unmenschlichen Bedingungen, vor allem die aus Polen und der Sowjetunion zwangsrekrutierten Frauen und Männer wurden wie Sklaven behandelt. In den Baracken mit den Wohnunterkünften herrschten katastrophale hygienische Zustände, die Verpflegung war überaus mangelhaft, faktisch erhielten sie nur Hungerrationen. Viele von ihnen starben an Erschöpfung oder Krankheiten. Über die gesamte Stadt verteilt gab es etwa 1000 Lager, die von der Behörde Speer betrieben oder den Unternehmen direkt zugeordnet waren. Zu übersehen waren die sogenannten »Fremdarbeiter« und ihr Leid für die Berliner jedenfalls nicht. Der Franzose François Cavanna erinnerte sich später an die Zeit der Zwangsarbeit in seinem Buch »Das Lied der Baba«: »Zu jener Zeit war Berlin mit Holzbaracken nur so überzogen. In jeder noch so kleinen Lücke der Riesenstadt hatten sich Fluchten brauner, teerpappegedeckter Fichtenholzquader eingenistet. Groß-Berlin bildet ein einziges Lager, ein meilenweites Lager, das sich zwischen den festen Bauten, den Denkmälern, den Bürohäusern, den Bahnhöfen, den Fabriken hinkrümelt.«

Widerstand

Nicht alle Zwangsarbeiter fügten sich widerspruchslos ihrem Schicksal. Auch wenn es den Deutschen verboten war, Kontakte zu »Fremdarbeitern« aufzunehmen und diese in den Betrieben möglichst getrennt von den deutschen Beschäftigten bleiben sollten, kam es zu Annäherungen zwischen Einzelnen und auch zu Verbindungen mit antifaschistischen Gruppierungen. Auf Spionage in den Rüstungsbetrieben stand die Todesstrafe, trotzdem aber gab es »unerklärliche« Störungen im Produktionsablauf von Kriegsgerät oder im Transportwesen. Nach der Zerschlagung zahlreicher kommunistischer Widerstandsgruppen in den Dreißigerjahren entwickelten sich neue Zusammenschlüsse vor allem auf betrieblicher Ebene. Ihre Aufgabe sahen sie auch darin, einer Antikriegsstimmung in der Bevölkerung Nahrung zu geben. Flugblattaktionen gehörten dazu, und auch Spionageanschläge wie der am 18. Mai 1942 von jüdischen Kommunisten um Herbert Baum verübte Brandanschlag auf die Ausstellung »Das Sowjetparadies«. Die Propagandaausstellung im Lustgarten sollte den Krieg gegen die Sowjetunion rechtfertigen und verunglimpfte das russische Volk auf übelste Weise. Der Schaden blieb verhältnismäßig gering, doch Herbert Baum, der als Jude Zwangsarbeit in den Elmo-Werken verrichten musste, wurde wenige Tage später mit seiner Frau und weiteren Freunden festgenommen. Herbert Baum beging in der Haft in Moabit am 11. Juni 1942 Selbstmord, 15 seiner Mitstreiter wurden in den folgenden Monaten zum Tode verurteilt und in Plötzensee hingerichtet. Schon im Februar waren mehr als 100 Mitglieder einer Widerstandsgruppe um den bei Osram beschäftigten Kommunisten Robert Uhrig verhaftet worden. Auch sie überzog der NS-Terror; Uhrig wurde 1944 im Zuchthaus Brandenburg enthauptet.

Zu den heute bekanntesten Gruppen, die sich der NS-Diktatur widersetzten, gehörten die Mitglieder des »Kreisauer Kreises«, die gemeinsam mit den Militärs um Stauffenberg den Umsturz planten, Widerstandskämpfer der sogenannten »Roten Kapelle« oder Angehörige der Bekennenden Kirche wie Martin Niemöller und der noch am 9. April 1945 hingerichtete Dietrich Bonhoeffer. Domprobst Bernhard Lichtenberg betete nach den Novemberpogromen 1938 in der katholischen Kirche öffentlich für die verfolgten Juden und protestierte gegen die Ermordung psychisch Kranker. Er starb am 5. November 1943 auf dem Weg in das KZ Dachau. Die meisten Angehörigen von Widerstandsgruppen bezahlten ihren mutigen Einsatz mit dem Leben. Allein Roland Freisler, der als Präsident des Volksgerichtshofs viele Verhandlungen gegen sie führte, war vom August 1942 bis zum Februar 1945 für etwa 2600 Todesurteile verantwortlich. Freisler selbst starb bei einem Bombenangriff auf Berlin am 3. Februar 1945.

Trotz des Terrors, mit dem SS und Gestapo Gegner des NS-Regimes verfolgten, gab es bis zum Untergang des »Dritten Reiches« immer auch Berliner, die sich der menschenverachtenden Diktatur widersetzten. Als am 27. Februar 1943 im Zuge der sogenannten »Fabrikaktion« die Gestapo auch etwa 2000 Partner aus »deutschblütig«-jüdischen »Mischehen« in das Sammellager in der Rosenstraße nahe dem Alexanderplatz verbrachte, kamen noch am Abend Hunderte Angehörige, zumeist Frauen, vor dem Gebäude zusammen, um deren Deportation zu verhindern. Trotz mehrfacher Aufforderung und Androhung von Gewalt, harrten sie auch in den folgenden Tagen dort aus und ließen nicht ab von ihrer Forderung. Tatsächlich kamen in den folgenden zwei Wochen fast alle der 2000 Inhaftierten wieder frei.

Versuche, Juden vor der Deportation zu retten, gelangen in nur wenigen Fällen. Doch es gab sie. So stellte sich der Berliner Bürstenfabrikant Otto Weidt lange Zeit schützend vor seine jüdischen Arbeiter und vermittelte Verfolgten einen Unterschlupf – heute erinnert daran das »Museum Blindenwerkstatt Otto Weidt« in der Rosenthaler Straße. Damit die etwa 1400 untergetauchten Juden in Berlin überleben konnten, bedurfte es vieler Helfer. »Namenlose«, die aus welchen Gründen auch immer, trotz der damit verbundenen Gefahren Fluchthilfe leisteten, Verstecke bereithielten oder Lebensmittelkarten oder falsche Papiere besorgten. In die Rettung nur eines »Untergetauchten«, waren zehn und mehr Berliner involviert. Und das in einer Zeit, in der der entfesselte Bombenkrieg das Überleben eines jeden Einzelnen zunehmend gefährdete.

Das Ende

Mit dem Großangriff von 251 britischen Bombern am 3. März 1943 begann die systematische Zerstörung der Reichshauptstadt aus der Luft. Von nun an kamen die Berliner nicht mehr zur Ruhe. Fast täglich heulten Sirenen, die nahenden Bomberstaffeln ankündigend. Fast jede Nacht mussten die aus dem Schlaf gerissenen Menschen in stickigen Bunkern und Luftschutzkellern verbringen, angstvoll hoffend, dass Haus oder Wohnung mit all den Habseligkeiten nicht schon in Flammen aufgegangen war. Am 18. November läuteten die Briten die »Luftschlacht um Berlin« ein und ab März 1944 nahmen auch amerikanische Bomberstaffeln regelmäßig Kurs auf Berlin. Ganze Stadtviertel brannten nieder, Tausende verloren ihr Leben. Die Hoffnung der Alliierten, durch solche massiven, zerstörerischen Angriffe die Widerstandskraft zu brechen und allgemeinen Hass auf Hitler und die Nationalsozialisten zu schüren, erfüllte sich nicht. Es schien gar, als schweiße die Katastrophe, von der Nazis und ihre Gegner gleichermaßen betroffen waren, die Menschen eher enger zusammen.

Am 21. April gab es den letzten Fliegeralarm, am Tag zuvor hatte die Rote Armee die Stadtgrenze erreicht. Die Schlacht um Berlin begann, und sie verlief schrecklicher, als man es sich vorzustellen wagte. Dem völlig sinnlosen Heldenmut auf deutscher Seite fielen in dem erbitterten Endkampf noch über Hunderttausende Soldaten sowie über 23.000 Zivilisten zum Opfer, und auf dem Weg in die Innenstadt wurden auch die letzten noch stehenden Häuser zerstört; entlang der Landsberger und der Frankfurter Allee blieb kein Stein mehr auf dem anderen. Nach dem Selbstmord von Hitler und Goebbels schließlich kapitulierte die Reichshauptstadt Berlin am 2. Mai 1945.

»Der Besuch ist überwältigend, schon um halb fünf muß der Sportpalast wegen Überfüllung gesperrt werden. … Der Berliner stellt das politischste System, über das wir augenblicklich im Reich verfügen. Fast das gesamte Reichskabinett, eine ganze Anzahl von Reichs- und Gauleitern und fast alle Staatssekretäre sind im Sportpalast vertreten; kurz und gut, stellt einen Querschnitt durch das ganze deutsche Volk dar. Ich bin, glaube ich, rednerisch sehr gut in Form und bringe die Versammlung in einen Zustand, der einer totalen geistigen Mobilmachung gleicht. Der Schluß der Versammlung geht in einem Tohuwabohu von rasender Stimmung unter.«

(Tagebucheintrag Joseph Goebbels, 19. Februar 1943)

Am 18. Februar 1943 im Sportpalast. Nach der verheerenden Niederlage der Wehrmacht in Stalingrad erklärte Joseph Goebbels als »Sprecher des Volkes« – wie er sich selbst inszenierte – für Deutschland den totalen Krieg.
Nach dem hysterischen Jubel Tausender im Sportpalast versammelter NS-Anhänger, der propagandawirksam im Rundfunk übertragen wurde, traten nun umfangreiche Mobilisierungsmaßnahmen zur Indienststellung des gesamten zivilen Lebens in Kraft. Von nun an gab es keine Unterscheidung mehr zwischen Front und Heimat.
Zum Militärdienst konnten jetzt Männer zwischen 16 und 65 sowie Frauen zwischen 17 und 45 eingezogen werden, wobei für die Frauen hauptsächlich das Funkwesen und der Sanitätsbereich vorgesehen waren.

»Goebbels hält im Sportpalast eine ›Kundgebung des fanatischen Willens‹ ab. Für die ›Rettung Deutschlands und der Zivilisation!‹ ›Nur der stärkste Einsatz, der totalste Krieg‹ beschwört er seine Hörer, ›kann und wird die Gefahr bannen‹. Total – totaler – am totalsten. Ich wußte nicht, daß sich selbst Endgültigkeiten noch steigern lassen. Wer innerlich unsicher ist, muß wohl zu solchen Mitteln greifen. Muß sich aus einer Übersteigerung in die nächste quälen. Was zöge noch im ›großdeutschen Reich‹,wenn nicht der Superlativ aller Superlative? Das beste Volk der Welt … das klügste Volk der Welt … das ritterlichste Volk der Welt. Brekersche Plastiken, Speersche Bauwerke, Goebbelssche Propagandareden, Georgesches Donnerpathos. ›Wer angibt, hat's nötig‹, sagt das Sprichwort.«

(Tagebucheintrag
Ruth Andreas-Friedrich,
19. Februar 1943)

Desweiteren gab es eine wesentliche Reduzierung der sogenannten uk-Stellungen – der vom Militärdienst Befreiten –, eine Ausweitung der Arbeitspflicht in kriegswichtigen Unternehmen für nahezu alle Bevölkerungsteile sowie einen verstärkten Einsatz von Zwangsarbeitern in der Rüstungsindustrie.

Uns're Fahne flattert uns voran.
In die Zukunft ziehen wir Mann für Mann
Wir marschieren für Hitler
Durch Nacht und durch Not
Mit der Fahne der Jugend
Für Freiheit und Brot.
Uns're Fahne flattert uns voran,
Uns're Fahne ist die neue Zeit.
Und die Fahne führt uns in die Ewigkeit!
Ja die Fahne ist mehr als der Tod!

Fahnenlied der Hitlerjugend, Refrain

Jugendliche Flakhelfer bei einer Übung auf dem Bunker im Humboldthain 1943, im Hintergrund einer der vier Geschütztürme. Im weiteren Kriegsverlauf wurden immer mehr Luftwaffeneinheiten an die Front beordert, sodass man verstärkt auf HJ-Mitglieder als Flakhelfer zurückgriff.

Die gerade einmal Sechzehnjährigen kamen nach einer sechswöchigen Ausbildungszeit als Bedienungsmannschaften auf den Flakbunkern zum Einsatz und waren dort den Bombenteppichen der Alliierten ungeschützt ausgesetzt.

Propagandaplakat mit Durchhalteparole in einer Berliner Geschäftsstraße, 1944. Trotz der immer heftiger werdenden Bombenangriffe und der zerstörten Stadt, schaffte es die noch immer funktionierende Verwaltung recht schnell, die schlimmsten Schäden der Infrastruktur zu beseitigen. So gelang es, die Produktion der Rüstungsbetriebe zu gewährleisten, und einer wachsenden Antikriegsstimmung unter der Bevölkerung entgegenzuwirken. Angesichts der weiten Trümmerlandschaften und der vielen obdachlosen Familien, die in Behelfsunterkünften unterkamen, fiel es jedoch immer schwerer, die von Goebbels angemahnte Opferbereitschaft von den Berlinern einzufordern.

Zusatz-Lebensmittelkarte
für Hochzeiten
3 Personen
Ernährungsamt Berlin
47066
Ausgegeben am 29. 9. 44
Nicht übertragbar! Nur gültig für die Dauer von 14 Tagen
Abtrennen nur durch Empfänger der Abschnitte

Zusatz-Lebensmittelkarte, 1944

Diese Bescheinigung darf weder zum Einkauf von Mangelware noch zur Erteilung von Aufträgen an Gewerbetreibende benutzt werden

Bescheinigung

Die Wohnung des Herrn/~~Frau/Frl.~~ Fritz Woelk
in Berlin- 1187 Jagow - Straße
— ~~Platz~~ — ~~Weg~~ — Nr. 24 ist bei dem Fliegerangriff am
30. 1. 1944 schwer—~~mittel~~—~~leicht~~*) beschädigt worden.

Diese Bescheinigung gilt nur zur Vorlage bei Behörden oder beim Arbeitgeber. Sie berechtigt nicht zur bevorzugten Abfertigung.

Berlin, den 1. 2. 1944

Der Bezirksbürgermeister
des Verwaltungsbezirks Tiergarten
L. S. Im Auftrage: Schöbel

*) Nichtzutreffendes ist zu streichen.

L. 47. Mat. 18081. 1 000 000. Din A 6. 9. 43. C/1555. 1141.

Ohne eine solche Bescheinigung konnten sich Ausgebombte nicht einmal mit dem Dringendsten versorgen.

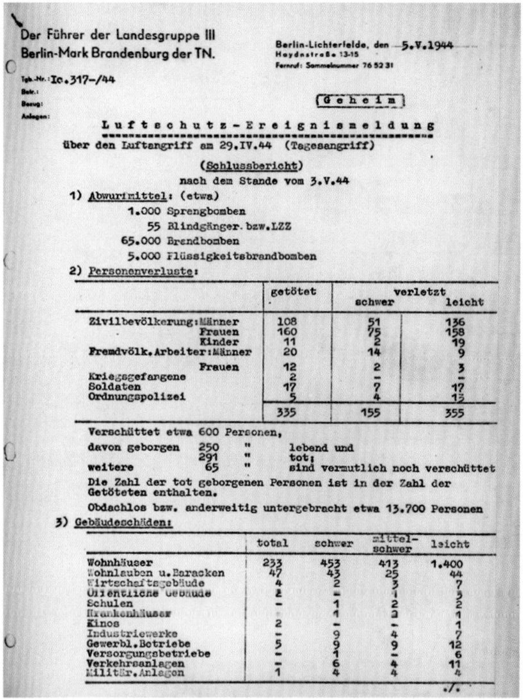

Der Führer der Landesgruppe III
Berlin-Mark Brandenburg der TN.

Berlin-Lichterfelde, den 5.V.1944
Haydnstraße 13-15
Fernruf: Sammelnummer 76 52 31

Tgb.-Nr.: Ic.317-/44
Betr.:
Bezug:
Anlagen:

Geheim

Luftschutz-Ereignismeldung
über den Luftangriff am 29.IV.44 (Tagesangriff)

(Schlussbericht)
nach dem Stande vom 3.V.44

1) Abwurfmittel: (etwa)
1.000 Sprengbomben
55 Blindgänger bzw. LZZ
65.000 Brandbomben
5.000 Flüssigkeitsbrandbomben

2) Personenverluste:

	getötet	verletzt schwer	verletzt leicht
Zivilbevölkerung: Männer	108	51	136
Frauen	160	75	158
Kinder	11	2	19
Fremdvölk. Arbeiter: Männer	20	14	9
Frauen	12	2	3
Kriegsgefangene	2	-	-
Soldaten	17	7	17
Ordnungspolizei	5	4	13
	335	155	355

Verschüttet etwa 600 Personen,
davon geborgen 250 " lebend und
291 " tot;
weitere 65 " sind vermutlich noch verschüttet
Die Zahl der tot geborgenen Personen ist in der Zahl der Getöteten enthalten.
Obdachlos bzw. anderweitig untergebracht etwa 13.700 Personen

3) Gebäudeschäden:

	total	schwer	mittel-schwer	leicht
Wohnhäuser	233	453	413	1.400
Wohnlauben u. Baracken	47	43	25	44
Wirtschaftsgebäude	4	2	3	7
Öffentliche Gebäude	2	-	1	3
Schulen	-	1	2	2
Krankenhäuser	-	1	3	1
Kinos	2	-	-	1
Industriewerke	-	9	4	7
Gewerbl. Betriebe	5	9	9	12
Versorgungsbetriebe	-	1	-	6
Verkehrsanlagen	-	6	4	11
Militär. Anlagen	1	4	4	4

./.

Über die Opfer und Zerstörungen der Luftangriffe führten die Behörden bis Ende 1943 genau Buch, dann jedoch fiel die Stadt so schnell in Trümmer, dass die Registrierung nur noch lückenhaft erfolgte.

Generalfeldmarschall Erwin von Witzleben vor dem Volksgerichtshof. Er gehörte zur Gruppe um Claus Schenk Graf Stauffenberg, die das Attentat gegen Hitler am 20. Juli 1944 geplant hatte. Witzleben wurde am 8. August 1944 zum Tode verurteilt und noch am selben Tag in Plötzensee hingerichtet.
Am 7. / 8. August 1944 fanden im Kammergericht in Schöneberg die ersten Verhandlungen gegen die Mitverschwörer des missglückten Stauffenberg-Attentats statt. Den Vorsitz hatte Roland Freisler, berüchtigt für sein fanatisches, gegen Recht und Gesetz verstoßendes Vorgehen. Die als Schauprozess inszenierten Verhandlungen wurden im Auftrag Hitlers gefilmt, um dem Volk die »kläglichen Verräter« in den Kinos zu präsentieren. Der erhoffte Propaganda-Erfolg aber blieb aus, denn die Angeklagten ließen sich auch nicht von dem geifernden Freisler ihre Würde nehmen. Die Filme wurden daher nicht gezeigt.

Frauen und Kinder vor der Evakuierung auf einem Berliner Bahnhof. Eine erste Verordnung zur »Umquartierung aus Luftschutzgründen« gab es schon im Mai 1941, doch erst mit der Zunahme der Luftangriffe auf die Stadt im Jahr 1943 begann die organisierte Evakuierung von Frauen und Kindern, vornehmlich in das sogenannte Warthegau in Polen und nach Ostpreußen. Bis zum Oktober 1944 hatten etwa 230.000 Mütter und Kinder Berlin verlassen. Parallel dazu lief die »Kinderlandverschickung«, eine eher unpopuläre Maßnahme – wollten viele der Eltern ihre Kinder doch nur ungern der Betreuung durch Fremde überlassen. Ende 1943 jedoch wurden die meisten Grundschulen geschlossen und ganze Schulklassen in vermeintlich sichere Gebiete verschickt.

Brennende Häuser nahe dem Spittelmarkt nach einem Tagesangriff der amerikanischen Luftwaffe im Frühjahr 1944.
Im Jahr 1942 gab es für die Berliner eine Unterbrechung der verheerenden Luftangriffe. Hauptsächlich schickte die britische Royal Airforce (RAF) in dieser Zeit »Mosquitos«, kleine, wendige zweimotorige Maschinen, die vergleichsweise geringen Schaden anrichteten. Unter der Leitung von Luftmarschall Sir Arthur Harris jedoch eröffneten die Briten am 18. November 1943 die »Battle of Berlin« mit dem Ziel, eine solch umfassende Zerstörung herbeizuführen, die eine Kapitulation unvermeidbar machen würde. Am 4. März 1944 begann auch die US-Airforce mit der Bombardierung der Reichshauptstadt. Von nun an kamen die Amerikaner am Tag und die Briten in der Nacht.

Trümmerlandschaft in der Stallschreiberstraße, aufgenommen wahrscheinlich nach dem 3. Februar 1945, dem bis dahin schlimmsten Bombenangriff auf Berlin. Die immensen Verwüstungen waren auch Folge eines seit März 1943 kombinierten Abwurfs von Brandbomben und 1,8 Tonnen schweren Luftminen (etwa so groß wie Litfaßsäulen). Diese sogenannten »Blockbuster« oder »Wohnblockknacker« detonierten sechs bis acht Meter über dem Erdboden, wobei die entstehenden enormen Druckwellen Dächer, Fenster sowie Türen regelrecht »wegbliesen« und in unmittelbarer Nähe Häuserwände und sogar Fundamente zerstörten. In den offenen Wohnblocks entfachten dann Tausende anschließend abgeworfene Brandbomben einen ungeheuren Flächenbrand.

In Rahnsdorf wurden am 7. April zwei Bäckerläden gestürmt, »die Rädelsführer werden im Laufe des Nachmittags schon vom Volksgericht abgeurteilt. Drei werden zum Tode verurteilt, ein Mann und zwei Frauen. Bei einer Frau liegt der Fall wesentlich milder, so daß ich mich hier zu einer Begnadigung entschließe. Die beiden anderen … lasse ich noch in der Nacht enthaupten. … Ich glaube, daß das sehr ernüchternd wirken wird. Jedenfalls bin ich der Meinung, daß in der nächsten Zeit in Berlin keine Bäckerläden mehr geplündert werden.«

(Tagebucheintrag Joseph Goebbels, 8. April 1945)

Ausgabe von Notspeisung im Haus Vaterland am Potsdamer Platz, März 1945. Am 28. März 1945 wurden die Lebensmittelrationen wie schon in den Kriegsmonaten zuvor erneut reduziert. Eine Person erhielt fortan – wenn vorhanden – pro Woche 1700 Gramm Brot, 250 Gramm Fleisch, 125 Gramm Fett, wahlweise 125 Gramm Zucker und 250 Gramm Marmelade sowie für drei Wochen 225 Gramm Nährmittel (Mehl, Grieß, Graupen), 62,5 Gramm Käse,125 Gramm Quark und 100 Gramm Kaffeeersatz. Im April kam es zu ersten Plünderungen von Vorratslagern.

Ausbildung für den Einsatz im Volkssturm am 9. April 1945. Alle bis dahin noch nicht kämpfenden, wehrfähigen Männer zwischen 16 und 60 Jahren waren zur Verteidigung des »Heimatbodens« und Erringung des »Endsiegs« aufgerufen. Nachdem Goebbels am 1. Februar 1945 Berlin zur Festung erklärte, errichtete der Volkssturm zunächst Panzersperren; mit Näherrücken der Front aber bildete er das letzte Kampfaufgebot. Nur mangelhaft mit zumeist erbeuteten Gewehren und Panzerfäusten ausgerüstet, mussten selbst Vierzehnjährige an die vordersten Linien.

»Unmittelbar vor unserem Einsatz wurden uns 180 dänische Gewehre zugeteilt – allerdings ohne Munition. Wir erhielten auch vier Maschinengewehre und 100 Panzerfäuste. Keiner meiner Männer konnte ein Maschinengewehr bedienen, und alle fürchteten sich davor, die Panzerfaust einzusetzen. Obgleich meine Männer durchaus willens waren, ihre Pflicht zu tun, weigerten sie sich. ... Was kann ein Volkssturmmann schon ausrichten mit einem Gewehr ohne Munition? Die Männer gingen nach Hause – das einzige, was sie tun konnten.«

(Kommandeur des 42. Volkssturm-Bataillons)

»Sollten Provokateure und verbrecherische Elemente versuchen, durch das Hissen von weißen Fahnen oder sonstiges feiges Verhalten in die zur Verteidigung der Stadt entschlossene Bevölkerung Unruhe zu tragen und ihren Widerstand zu lähmen, so ist dagegen sofort mit allen Mitteln einzuschreiten. ... Häuser und Wohnungen, die weiße Fahnen zeigen, ... werden Krankheitsbazillen am Körper unserer Stadt. Ihre rücksichtslose Bekämpfung ist daher ein Gebot der Stunde.«

(Goebbels am 21. April 1945 an seine »Berliner Volksgenossen und Volksgenossinnen«)

Bau einer Panzersperre am Knie (heute Ernst-Reuter-Platz) im März 1945. Am 21. April überschritten erste Truppen der Roten Armee die Stadtgrenze. Seit Tagen schon lebten die Menschen in Kellern und Bunkern, indes wütete der von übrig gebliebenen Wehrmachts- sowie SS-Einheiten und fanatisierten Hitlerjungen geführte Endkampf um die Innenstadt. Treu dem Befehl ihres »Führers«, die Reichshauptstadt bis auf den letzten Mann und die letzte Patrone zu verteidigen. Was bis dahin den Bombenkrieg überstanden hatte, fiel nun der totalen Zerstörung anheim.

1945. Blick auf das zerstörte Berlin an der Potsdamer Straße. Nördlich vom Landwehrkanal die Ruine des »Haus des Fremdenverkehrs«. Es war das erste fertiggestellte Gebäude der geplanten Nord-Süd-Achse von Hitlers »Welthauptstadt Germania«. Am Abend des 29. April stand die Rote Armee etwa 400 Meter vor der Reichkanzlei, am Nachmittag des 30. April beging Hitler mit Eva Braun im Führerbunker Selbstmord, am 1. Mai folgte ihm Gauleiter Joseph Goebbels mit seiner Ehefrau, die zuvor ihre sechs Kinder vergiftet hatte. Am 2. Mai unterzeichnete Wehrmachtsgeneral Helmuth Weidling im sowjetischen Hauptquartier am Tempelhofer Schulburgring 2 die Kapitulation der Reichshauptstadt. Letzte Kampfhandlungen im Umfeld des Flakturms im Humboldthain dauerten die Nacht über an, dann erfolgte auch dort am 3. Mai um 12 Uhr die Übergabe.

Literatur

Alings, Reinhard, *Die Berliner Siegessäule.* Vom Geschichtsbild zum Bild der Geschichte, Berlin 2000

Andreas-Friedrich, Ruth, *Der Schattenmann.* Tagebuchaufzeichnungen 1938–1945, 4. Aufl., Frankfurt am Main 1985

Arnold, Dietmar / Reiner Janick, *Sirenen und gepackte Koffer.* Bunkeralltag in Berlin, Berlin 2003

Berliner Geschichte. Zeitschrift für Geschichte und Kultur, Ausgabe 6 »Olympia 1936«, Berlin 2016

Berliner Geschichte. Zeitschrift für Geschichte und Kultur, Ausgabe 5 »Berlin und seine Universitäten«, Berlin 2016

Buller, Ernestine Amy, *Finsternis in Deutschland.* Interviews einer Engländerin 1934–1938, München 2016

Deutschkron, Inge, *Ich trug den gelben Stern.* 2. Aufl., München 1986

Dodd, Martha, *Nice to meet you, Mr Hitler.* Meine Jahre in Deutschland 1933 bis 1937, Frankfurt am Main 2005

Donath, Matthias, *Bunker, Banken, Reichskanzlei.* Architekturführer Berlin 1933–1945, 2. Aufl., Berlin 2008

Fest, Joachim C., *Hitler.* Eine Biographie, 5. Aufl., Frankfurt am Main / Berlin / Wien 1973

Fest, Joachim, *Speer.* Eine Biographie, Berlin 1999

Friedrich, Jörg, *Der Brand.* Deutschland im Bombenkrieg 1940–1945, Berlin 2004

Geisel, Eike, *Im Scheunenviertel,* Berlin 1981

Hilmes, Oliver, *Berlin 1936.* Sechzehn Tage im August, München 2016

Kellerhoff, Sven Felix, *Berlin unterm Hakenkreuz,* Berlin 2006

Klemperer, Victor, *Tagebücher 1935–1936, 3.* Aufl., Berlin 1999

Kreutzmüller, Christoph / Hermann Simon / Elisabeth Weber, *Ein Pogrom im Juni.* Fotos antisemitischer Schmierereien in Berlin, 1938, Berlin 2013

Kunstamt Kreuzberg / Kreuzberg Museum (Hg.) *Kürbisse im Böcklerpark.* Museumsbesucher / innen erzählen von Kriegsende und Neubeginn, Berlin 1995

Kunstamt Kreuzberg / Kreuzberg Museum (Hg.), *3. Februar 1945*. Die Zerstörung Kreuzbergs aus der Luft, Berlin 1995

Lubrich, Oliver, *Reisen ins Reich 1933 bis 1945.* Ausländische Autoren berichten aus Deutschland, München 2009

Meiners, Antonia, ***100 Jahre KaDeWe,*** Berlin 2007
Meiners, Antonia, ***Berlin 1945.*** Eine Chronik in Bildern, Berlin 2005
Pehle, Walter H. (Hg.), ***Der Judenpogrom 1938.*** Von der »Reichskristallnacht« zum Völkermord, Frankfurt am Main 1988
Reuth, Ralf Georg (Hg.), ***Joseph Goebbels.*** Tagebücher 1924–1945, 5 Bände, 2. Aufl., München / Zürich 1992
Ribbe, Wolfgang, ***Die Reichshauptstadt Berlin in den Lageberichten der Gestapo 1933 bis 1936.*** In: Der Bär von Berlin. Jahrbuch 2016 des Vereins für Geschichte Berlins, Berlin / Bonn 2016
Rosemann, Mark, ***Die Wannsee-Konferenz.*** Wie die NS-Bürokratie den Holocaust organisierte, München / Berlin 2002
Sandvoß, Hans-Rainer, ***Berlin war nicht nur Zentrum des NS-Terrors, sondern auch des Widerstandes.*** In: Der Bär von Berlin. Jahrbuch 2016 des Vereins für Geschichte Berlins, Berlin / Bonn 2016
Schneider, Wolfgang, ***Die Waffen-SS,*** Berlin 1998
Speer, Albert, ***Erinnerungen.*** Frankfurt am Main / Berlin / Wien 1975
Stern, Carola, ***Auf den Wassern des Lebens.*** Gustaf Gründgens und Marianne Hoppe, Reinbek 2007
Thamer, Hans-Ulrich, ***Berlin im Dritten Reich.*** Herrschaft und Alltag unter dem Hakenkreuz, Berlin 2014
Thijs, Krijn, ***Party, Pomp und Propaganda.*** Die Berliner Stadtjubiläen 1937 und 1987, Berlin 2012
Vor die Tür gesetzt. Im Nationalsozialismus verfolgte Berliner Stadtverordnete und Magistratsmitglieder 1933–1945, Berlin 2005
Wildt, Michael / Christoph Kreutzmüller (Hg.), ***Berlin 1933–1945,*** München 2013

www.berliner-geschichtswerkstatt.de/
www.dhm.de/lemo/
www.luise-berlin.de/kalender/chronik_stadtgeschichte.html
www.wsws.org/de/articles/2003/09/rief-s27.html
www.zukunft-braucht-erinnerung.de

Impressum

Edition Braus Berlin GmbH
Prinzenstraße 84, Aufgang 2
10969 Berlin
www.editionbraus.de

Lektorat: Anne Scholz
Grafische Gestaltung: Frank Wonneberg, Berlin
Reproduktionen: Bild1Druck GmbH, Berlin
Druck und Bindung: Neografia a.s., Martin-Priekopa, Slowakei

Die Deutsche Nationalbibliothek verzeichnet diese Publikation in der Deutschen Nationalbibliografie; detaillierte bibliografische Daten sind im Internet über http://dnb.d-nb.de abrufbar.

ISBN 978-3-86228-159-6

Abbildungsnachweis:

akg-images: S. 35, S. 85
akg-images/Imagno: S. 3, S. 25, S. 58
akg-images / Imagno / Austrian Archives: S. 2, S. 45

bpk / Bayerische Staatsbibliothek/Heinrich Hoffmann: S. 69
bpk / Arthur Grimm: S. 65
bpk / Carl Weinrother: S. 101
bpk / Kunstbibliothek, SMB, Photothek Willy Römer / Willy Römer: S. 33

Bundesarchiv:
S. 16: BArch / Bild 146-1977-062-24 / Carl Weinrother
S. 17: BArch/ Bild 146-1972-026-11 / Robert Sennecke
S. 18: BArch / Bild 102-14364 / Georg Pahl
S. 19: BArch / Plak 002-042-157
S. 21: BArch / Bild 102-14481 / Georg Pahl
S. 22: BArch / Bild 146-1970-083-40
S. 23: BArch / Bild 102-14470 / Georg Pahl
S. 26: BArch / Bild 102-14597 / Georg Pahl
S. 27: BArch / Bild 102-14745 / Georg Pahl
S. 29: BArch / Bild 183-R96360
S. 31: BArch /Plak 003-011-018
S. 36: BArch / Bild 102-02932 / Georg Pahl
S. 37: BArch / Plak 003-016-035 / Grünwald
S. 47: BArch / Bild 146-1976-141-21 / Herbert Hoffmann
S. 51: BArch / Bild 102-13681 / Georg Pahl
S. 52: BArch / Bild 102-17875 / Georg Pahl
S. 53: BArch / Bild 183-90865-0001 / Eugen Heilig
S. 54: BArch / Bild 102-17621 / Georg Pahl
S. 57: BArch / Bild 183-G00328
S. 59: BArch / Bild 183-H29458
S. 61: BArch / B 145 Bild-P016402
S. 62: BArch / Bild 102-17905 / Georg Pahl
S. 76: BArch / Bild 183-E00555
S. 77: BArch / Bild 146-1983-018-03A
S. 79: BArch /Bild 102-18212 / Georg Pahl
S. 80: BArch /Bild 183-1988-0202-503
S. 94/95: BArch / Bild 183-J05235 / Ernst Schwahn
S. 100: BArch / Bild 151-03-04 / Heinrich Hoffmann
S. 4, S. 103: BArch / Bild 183-J31345

Deutsches Historisches Museum, Berlin: S. 98

Landesarchiv Berlin / unbekannte Fotografen: S. 1, 24, S. 30, S. 32, S. 44, S. 47, S. 63, S. 64, S. 66, S. 82, S. 84 links und rechts, S. 87, S. 99, S. 106, S. 108, S. 109
Landesarchiv Berlin / Stefan Arczynski: S. 83, S. 86
Landesarchiv Berlin / Durniok: S. 105
Landesarchiv Berlin / Ewald Gnilka: S. 49, S. 102
Landesarchiv Berlin / Gloria Grambow: S. 50
Landesarchiv Berlin / Otto Hagemann: S. 28
Landesarchiv Berlin / Heimerdinger: S. 96
Landesarchiv Berlin / Robert Tropea: S. 34

ullstein-bild: S. 46
ullstein bild - bpk / Josef Donderer: S. 60